泉城文库

海右名士丛书

马德青 著

扁鹊

济南出版社

图书在版编目（CIP）数据

扁鹊 / 马德青著 . -- 济南：济南出版社，2024.4
（海右名士丛书）
ISBN 978-7-5488-6235-2

Ⅰ. ①扁… Ⅱ. ①马… Ⅲ. ①扁鹊（前 401- 前 310）
- 传记 Ⅳ. ① K826.2

中国国家版本馆 CIP 数据核字 (2024) 第 059358 号

扁　鹊
BIAN QUE
马德青　著

出 版 人　谢金岭
责任编辑　赵志坚　李文文
特约编辑　刘雅琪
装帧设计　牛钧

出版发行　济南出版社
地　　址　山东省济南市二环南路 1 号（250002）
总 编 室　0531-86131715
印　　刷　济南新先锋彩印有限公司
版　　次　2024 年 4 月第 1 版
印　　次　2024 年 4 月第 1 次印刷
开　　本　160 mm×230 mm　16 开
印　　张　10.75
字　　数　128 千字
印　　数　1—4000 册
书　　号　ISBN 978-7-5488-6235-2
定　　价　49.00 元

如有印装质量问题　请与出版社出版部联系调换
电话：0531-86131736

版权所有　盗版必究

前言

中华医学源远流长。数千年的中医药发展史忠实地记录着大量前辈医家的丰富实践经验和学术成就，这是中华优秀传统文化的重要组成部分，更是中国古代自然科学弥足珍贵的瑰宝。

在中医药发展史上，扁鹊有着极其特殊的地位。"扁鹊言医，为方者宗。"他是第一个被载入中国史册的医家，他的行医事迹和医学成就在《史记·扁鹊仓公列传》中有详细的记载。

扁鹊，原名秦越人，战国时期医学家。他少年拜师长桑君，学习医术。学有所成后，他便广收门徒，游医东齐西秦、南楚北赵，名扬天下。最后在即将离开秦国时，扁鹊忽遇杀手，半路被杀。一代名医，魂归故里。司马迁记录扁鹊的事迹时，除了征引史料以外，还采用了一些民间传说。民间传说的神秘性，并不影响人们对扁鹊在医学成就上的高度肯定，也不影响人们对扁鹊高尚人格的高度赞美。有关扁鹊的民间传说不过是在认知水平不高的特定历史时期，人们对扁鹊高超医术和高尚医德的艺术化表达。

扁鹊一生游历各地行医，很多地方留下了他为百姓行医除疾的故事。济南市长清区归德镇卢城洼、鹊山、药山等地，也留下了他为百姓行医除疾的足迹。光阴越千年，我们仿佛还能听见扁鹊研磨药材的声音。

扁鹊精于内、外、妇、儿、五官等各科治疗，为医学分科的发展播下了第一颗种子。他掌握切脉技术和望诊方法，被推崇为脉学的倡导者，"至今天下言脉者由扁鹊也"。他善用砭刺、针灸、按摩、汤液、热熨等多种方法治疗疾病，展现了古代医学的博大精深。他游医列国，广泛收徒，著书立说，总结和传播医学知识。他倡导"治未病"的理念，传播养生保健的智慧，引导人们深刻关注和珍视生命的本质。他求真务实，言必有据，极力反对巫术迷信，将科学的医学理念吹向民间。他不仅是一位医术高超的医生，更是一位心怀仁德的智者。他的故事，不仅仅是关于医术的传奇，更是关于人性、道德和生命的深刻思考。

《扁鹊》这本书，以扁鹊的生平为线索，通过对历史文献和民间传说的深入挖掘，重现了这位神医的一生。从他在卢邑的少年时代开始，到成为恩师的得意弟子，再到游医列国，最终魂归故里。每一段故事都充满了医学的智慧和人生的哲理。在科技高速发展的今天，我们更应该珍视那些古老的智慧。它们不仅仅是对历史的回忆，更是对未来的启示。扁鹊的故事告诉我们，无论时代如何变迁，仁心仁德永远是医者的处世原则，精湛医术永远是医者的不懈追求。

山东大学史学博士　　马德青
2024 年 3 月 9 日

目录

第一章　卢邑少年医家梦　001

第二章　恩师传授行医道　011

第三章　针灸切脉泽后世　031

第四章　制丹药母子得救　053

第五章　医晋侯驱除瘟疫　069

第六章　虢太子起死回生　081

第七章　人外有人求诸野　093

第八章　齐桓公讳疾忌医　105

第九章　镇巫医名扬楚国　117

第十章　大医仁心济幼老　125

第十一章　险象环生逝秦国　135

第十二章　一代医圣归鹊山　147

第十三章　医德永照方者宗　153

第一章

卢邑少年医家梦

在中国大地上数百座城市中，山东济南是很特别的一座。它是名副其实的北方城市，却兼具北方的淳朴风度和南方的灵秀气质。这里，北依奔腾恣肆的黄河，南邻巍峨壮观的泰山，壮丽中尽显磅礴大气之风。这里，有古色古香的宝寺名刹，有宁静灵秀的明湖碧波，有喷珠吐玉的七十二泉，还有连绵起伏的青山。这里，历史悠久，早在八九千年前的新石器时代，就已经有人类活动的踪迹了。历史的河流经过几千年的沉淀，冲积出厚重的文化沃野。济南不仅成为古往今来很多名人宦游的风雅之地，还诞生了数不清的历史文化名人，有"生当作人杰，死亦为鬼雄"的女词人李清照，也有"醉里挑灯看剑，梦回吹角连营"的词中之龙辛弃疾，有孔子高徒、"七十二贤人"之一的闵子骞，还有中华"脉学之宗"——大医家扁鹊，等等。他们就如同天上的繁星，闪耀着永不熄灭的光芒，共同成为山东济南的文化符号。在这众多的文化明星中，扁鹊是特殊的一位。他是我国历史上第一位载入史册的民间医者。他无所畏惧，勇敢地拨开了迷信的迷雾，在自然科学领域里披荆斩棘，走出一条前人没有走过的路，将中国的医学领上了科学和光明的大道。

济南黄河大桥

扁鹊，原名叫作"秦越人"，是公元前4世纪我国伟大的医学家。他出生在今天的山东省济南市长清区归德镇卢城洼。在2000多年前的春秋战国时期，这里属于齐国的疆域，那时候叫作"卢邑"。在中国医学史上，这座小城以诞生了一位伟大的医学家——扁鹊而闻名。（关于扁鹊的籍贯，有一种说法是在河北任丘。但是，扁鹊的籍贯应该在齐国，即山东。西汉司马迁在《史记·扁鹊仓公列传》中记载，扁鹊是"渤海郡郑人"，扁鹊在过虢时，也对虢国中庶子自言"臣齐渤海秦越人也，家在于郑"，这里的"渤海"是齐国的一个代称，所以说扁鹊籍贯是齐国，即今天的山东，只是后来"家于郑"。）

他的故乡齐国卢邑，历史源远流长。西周初年，那位曾在河边垂钓的姜子牙吕尚，因为辅佐周武王灭商有功，被封于营丘（今山东临淄一带），国号齐，史称"姜齐"。于是，雄踞东方的大国——齐国的历

姜太公

史由此拉开了序幕。公元前685年，齐国国君齐襄公死后，齐国发生了内乱，在公子小白与公子纠争夺君位的政治斗争中，高傒拥立公子小白（即齐桓公）登上了君位，从此一颗政治新星在春秋舞台上冉冉升起。齐桓公对高傒心存感激，便将卢邑之地赐予高傒。从这以后，卢邑开始书写自己的历史。

卢邑，原为卢国，是春秋时期齐国的一个重要的大城邑，位于今济南市长清区西南18千米处。卢邑占地面积近4万平方千米，城郭坚固，人丁兴旺。卢邑是个依山傍水的好地方，北临波澜壮阔的齐河，南与烟波浩渺的大清河比邻，连绵起伏的丘陵环绕周边。卢邑地处交通要道，春秋战国时期的一些战争就发生在这里。

2300多年前，历史正从春秋走进战国。那是秦越人生活的年代，也是中国古代历史上变革最激烈的时代。在纷纭的战火中，大国吞并小

长清扁鹊故里

国，次第逐鹿中原。而幸存的小国夹在大国之间，艰难地寻求生存。不过，那时候仍然有着上千个诸侯国分布于神州大地上。

在这样紧张的形势之下，中国迎来了第一个思想大发展的时期，涌现出许许多多杰出的人物。"田齐"时代，齐宣王以开放包容的精神广纳学士。当时赫赫有名的人物，比如邹衍、田骈、慎到、环渊等人，齐聚齐国都城临淄。文士雅集，学者荟萃，齐国成为战国时代的学术重镇与文化中心。邹衍、田骈、慎到、环渊等人都是学习黄老之术的，他们的学术传播极大地促进了齐国医学的发展。

其实，齐鲁先民很早就掌握了许多先进的医学知识。《史记》中就记载着燕齐之地有方技的传统。人们对生命的奥妙充满了好奇，不断地实验研究延年益寿和长生不老的秘方。虽然长生不老的愿望荒诞不经，但是他们对于延年益寿的尝试和努力，客观上推动了医学的发展。齐鲁大地自古良医辈出，这与齐国对文化的推崇有着密切的关系。清朝时，太医院大堂的后面建有先医庙，纪念历史上十位为医学做出过杰出贡献的医家，其中山东就有五位，他们是伊尹、秦越人、淳于意、王叔和、钱乙。齐鲁医学对中国传统医学的发展功勋卓著，是中国传统医学的一个重要组成部分。

汉画像石扁鹊画像

历史有它粗犷的一面，就像一把巨大的梳子，把梳过的地方总有许许

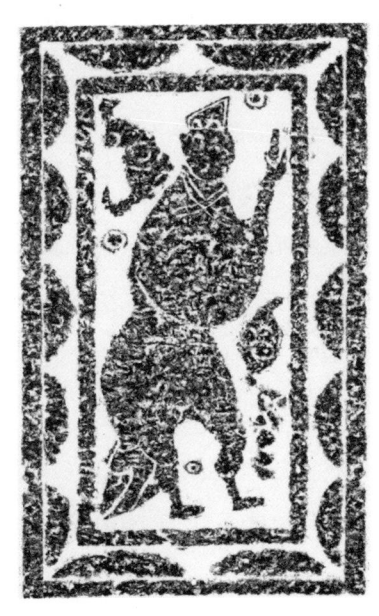

多多的年份被遗漏在梳齿之间。春秋战国数百年间，存在过许许多多的诸侯国，诞生了一代又一代国君和数不清的王孙贵胄。他们的大事、要事，未必都能够留迹于史家的简册之上。扁鹊的事迹，只在简册上随着国君、贵族们的事迹留下一两个墨点。大史学家司马迁在写《史记》的时候，特地为秦越人立了传。正是这些墨点，成为我们了解秦越人的宝贵资料。

公元前4世纪，秦越人诞生在卢邑城一个普通的家庭。已经有了两个儿子的秦父，如今又得一子，高兴得合不拢嘴。秦父对幺儿寄予了厚望，所以在孩子降生前，就满心欢喜地取好了名字。如果生的是男孩儿，就叫他"越人"，希望他能够超越一般的人，追求卓越，做一个平凡但不平庸的人。

秦越人的父母都是老实本分的乡下人，日子过得并不太宽裕。一家五口全靠父亲一个人养活。秦父虽然大字不识几个，但是也明白"父母之爱子，则为之计深远"的道理。他对三个孩子的未来寄予了殷切的希望，希望他们能够出人头地、光耀门楣。

秦父把培养孩子的大计提上日程。早在儿子们学说话的时候，他就从眼前抓物，教他们识物的本领，如这是什么树，这是什么花，这是什么石，这是什么鱼……在父亲的熏陶下，秦越人很快就掌握了辨识万物的本领。秦越人在很小的年纪，就显出极高的天分，但他对儒、墨、杨朱之学似乎并不太感兴趣，反而对那些花花草草尤为痴迷，很注意留心观察。无论什么花鸟虫鱼，只要告诉他一遍，他就能记住它们的名字。

战国是一个"朝为田舍郎，暮登天子堂"的年代，"学而优则仕"是多少人梦寐以求的啊！齐国是当时天下的文化重地，国都临淄成了多少读书人朝圣的地方，学者荟萃，名士雅集。儒家、道家、墨家、法家等学派在齐国百花齐放。他们在齐国开坛授徒，传播文化知识。很多年轻人纷纷放下锄头，走进学堂，就是为了一朝成功、出人头地。老百姓心知肚明，知识可以改变命运！战国时洛阳人苏秦曾经外出游说，想要寻个一官半职，结果，花光了身上的钱财，还是一无所获。全家都对他冷眼相待。后来，他发愤图强，终于挂上了六国的相印，成为一名翻手为云、覆手为雨的外交家。苏秦衣锦还乡，他的家人"郊迎十里"。这怎能不令人激动？

秦父心想：只有通过读书学习成为士人，才能谋得一官半职，成为人上人。他下定决心，无论如何也要把儿子们送进村里的私塾读书。让秦父欣慰的是，三个孩子都笃志好学。尤其是幺儿秦越人过目成诵，学习成绩优异，连老先生都说他是个可塑之才。街坊四邻也都说，小越人将来一定能够光耀门楣。

秦父的本意不是让儿子成为一名医生，但秦越人从小就对封官拜爵不感兴趣，反而对医药行业始终保持着浓厚的热情。这跟他的家庭环境和所处的时代有很大的关系。

扁鹊画像

秦越人的母亲身体羸弱，生下他以后就病倒了，这给他幼小的心灵留下了深深的伤痛。由于母亲常年药不离身，所以越人和两个哥哥从小就浸染在药香里，久而久之便能叫出常见药材的名字。每到草长

扁鹊

莺飞的时节,他们兄弟三人就到山间玩耍,近距离地观察药草的特点。山间这片广阔的天地,让越人那颗求知的心像一匹脱缰的野马,纵情驰骋。秦父也没有过多地干涉儿子们的爱好。渐渐地,兄弟三人对药草的知识储备就丰富起来了。对医药知识的了解,使他们在同龄的孩子中显得格外老成和与众不同。他们会带着附近的小孩子到山上玩耍,自豪地告诉他们哪些草能够治病,什么草是半夏,什么花是千头菊……

欢快的童年生活,使秦越人对济南的山,以及山上的花、草、虫、石,都了然于心。

春秋战国时期,战乱频繁,疾疫常发,很多乡邻饱受疾病的摧残。在那个缺医少药的时代,秦越人深刻地体会到疾病给人们带来的痛苦。他立志长大以后做一个能为百姓解除病痛的医生。

其实,历代都把医药行业当作"贱业",把医生跟算命先生、巫

药山山头

婆等归到一类里头。医生的社会地位相当低下。让小越人感到困惑的是医学和巫术纠缠在一起。他在民间见到的医生，都是会跳大神的巫师。难道医生就是巫师吗？他们之间有什么区别？其实，春秋战国时期的燕国、齐国一带，就有着浓厚的巫术传统。即便是到了秦汉时期，纵横天下的秦始皇和深具雄才大略的汉武帝，都曾大规模地招方士入海求仙，而这些方士大多数来自齐地。司马迁在撰写《史记》的时候，就说"燕齐多方士"。在上古时期，巫和医是一体的。直到战国初期，医术仍没有从巫术中彻底地脱离开来。巫术就像一个幽灵一样缠住了医学。那些所谓的的医生其实就是巫家，他们往往通过占卜，把病灶归结于鬼神之事。很多病人，原本得的只是些小毛病，只要得到正确的治疗，很快就会痊愈，结果硬是被巫医们给治死了。原本要"永济群生"的行业，却变成了"杀人灭口"的行业，这不是莫大的讽刺吗？小小的秦越人目睹了很多巫医误医病人而致其死亡的情景，这给他幼小的心灵带来了很深的触动。

秦越人多么想改变这一切啊！他想做一个真正的医生，用科学的方式帮助病人摆脱痛苦，把害人的巫术从医学中清理出去。几年以后，他长大了，就跟父亲坦白地说出了自己的想法："父亲，我不想当什么大官，我只想做一个悬壶济世的医生，帮助病人摆脱病痛。"

秦父原本把希望寄托在秦越人的身上，没想到儿子想做为人所瞧不起的医生，秦父真为儿子的将来担忧："当医生可不是那么容易的事，把人治好了还好说，万一治死了人，岂不是要吃官司吗？"

看儿子眉头紧锁，秦父语重心长地劝告儿子："医生都养在官府里当医官，医书也都在官府里存着，你去跟谁学医呢？去找个正经营生，养活自己才是正道！"秦父说的话不是没有道理，因为在他们生活的年代，医生都是世袭的行业，医学典籍都由官府垄断，一般人想要当医生，几乎是不可能的。

可是，十几岁的少年心理是叛逆的。秦父越是反对秦越人从医，秦越人就越要去拂逆秦父的意愿。他总是趁着去学堂上学的时候偷偷地到山上、到田野间去寻觅花花草草。然而，父亲那不容置疑的态度让秦越人不得不低头妥协。秦越人只能按照父亲的意愿，到卢邑城一家旅馆里谋了个差事。就这样，这个小小少年的悬壶济世梦破灭了。后来，秦家兄弟三人都成为当地有名的医生，挽救了无数人的生命，深受百姓的爱戴和尊重。不过，这都是后话了。

第二章

恩师传授行医道

秦越人生活在战国时期，可以说是很幸运的。春秋战国时期，读书人往来于各国之间，促进了文化的交流和思想的繁荣。历史上的田齐，因创建了稷下学宫而闻名于世。齐威王为了吸引人才，给予人才优厚的待遇，加之创造了宽松的文化环境，使得齐国一度成为战国的文化中心。人员的频繁流动，促进了旅馆的发展。在卢邑城最繁华的街道两侧，开着大大小小的商铺、旅馆。负笈游学的儒士、求仙问药的方士、纵横捭阖的策士、走街串巷的商贩、行医乡里的医生等，满布于街巷，尽显这座城邑的繁荣。

公元前387年，家境贫寒的秦越人遵从父亲的意愿，在卢邑城一个贵族开设的旅馆里谋了一份管理员的差事。微薄的薪水也足以让他养家糊口了。他一做就是十几年，兢兢业业、勤勤恳恳，把旅馆打理得井井有条。卢邑是齐国的大城邑，每天南来北往的商贩云集于此，文人雅士络绎不绝。秦越人待人和善，事必躬亲。在他的经营和管理下，旅馆里每天都客似云来。

在秦越人的年代，旅馆可是个高级场所。来来往往的人，有经商的，有求学的。秦越人小小年纪就接触到三教九流，大开眼界。秦越人从小就表现出有别于常人的机敏，尤其在经营旅馆的十几年间，更练就了他洞察人情的本领。

一天上午，秦越人站在柜台后面，心里盘算着待会儿进来的会是一个什么样的人。门外传来脚步声。秦越人抬起头，看见一个清瘦的老者，年纪大约六七十岁，鬓边已生华发。老者身后站着一个20岁上下的年轻人，穿着朴素，生得仪容端正，神采飞扬。两个人一前一后出现在门口。老者佝偻着身子，却鹤发童颜，目光如炬。一身长袍虽然洗得发白发皴了,但仍然掩饰不住仙风道骨的气质。店里的伙计们都没有把这个老人放在眼里,只有秦越人看得出这位老者绝非常人,十分恭谨地招待他。

一番攀谈下来,秦越人知道此老者人称"长桑君",是在这一带走街串巷为乡邻治病的游医。长桑君一生走南闯北,阅人无数,此时也看得出秦越人性格沉稳,为人谦和,彬彬有礼,不是等闲之辈,因此对这个后生格外喜爱。一老一少,两个人惺惺相惜,可谓一见如故。所以,从这以后,长桑君云游行医,每次经过卢邑,就到秦越人的旅馆里打尖下榻,这一住就是十几年。

人的一生中,会遇到形形色色的人,命运永远不会告诉我们谁会是生命里的匆匆过客,谁会是生命里的常客。而长桑君就这样走进了秦越人的生命中。

长桑君身边的年轻人是他的弟子,名叫姜殳。姜殳是邯郸人,自幼聪慧伶俐,乡邻没有不夸赞他的。长桑君到邯郸行医的时候,看到这个小子才思敏捷,于是收他为徒,希望他能够传承自己的衣钵。姜殳跟在长桑君身边已经7年了。长桑君走到哪里,就会把他带到哪里。姜殳跟着老师出诊抄方,耳濡目染,循序渐进地识药辨物,总结了许多经典医案,得到了长桑君的真传。经过勤学苦练,姜殳小小年纪便显出过人的悟性,这让长桑君很欣慰。得老师言传身教的姜殳,让自幼就渴望学医的秦越人羡慕不已。

长桑君行医从来不炫耀自己的身份和医术,所以很多人以为他就是个寻常的游方医生。聪颖的秦越人知道长桑君是个奇人。

每次长桑君来,小越人都会恭恭敬敬地给他贴心的招待。有时候,会有附近的老百姓找上门来，请长桑君治病。秦越人就安静地站在旁边观摩，看长桑君如何问诊，用心学习长桑君的医术。

有一年盛夏正午，闷热的空气笼罩着全城，热得人们心里发慌。毒辣的阳光炙烤着大地，似乎要将整座卢邑城融化了。长桑君带着姜殳行医回来。秦越人看长桑君脸上被太阳炙晒得红通通的，汗水也油腻腻地蒙在脸上，就赶紧奉上一杯凉茶，又给姜殳也递了一杯水。长桑君接过茶水，刚递到嘴边，突然发现一位老妇人栽倒在旅馆门口。长桑君放下水杯，起身去搀扶老妇人。姜殳眼疾手快，也急忙放下水杯，抢在师父之前把老妇人扶起来。秦越人也上前搭把手，把她背到客房的床榻上。豆大的汗珠从老妇人的额头、脸颊上冒了出来，她感到胸口发闷，喘不上气，就用手捂着胸口，一副呼吸困难的样子，脸色也愈发显得苍白。突然，一股强烈的恶心感蹿上喉咙，老妇人俯下身去呕吐，却什么也吐不出来。反复吐了几次，原本就虚弱的身体愈发有气无力了。

在夏季中暑是司空见惯的事，更何况最近一段时间酷暑难耐。长桑君已经诊治过很多例中暑的病人了。长桑君猜老妇人受了暑邪，就仔细观察她的脸色，又察看了她的舌苔，确定是中暑无疑，就点了几味解暑的药，吩咐姜殳煎好给她服下，又转身让秦越人端来一盆凉水。

秦越人看着长桑君给老妇人诊病时胸有成竹，望诊、断病、开药，一套诊病的流程如同行云流水，心底由衷地敬佩。他照着长桑君的话，赶紧端来一大盆凉水。长桑君浸湿帕子给老妇人擦了擦脸，然后拿出砭石，在她的额头上选择了几个穴位按摩。这时候，姜殳也煎好药端了进来。待药稍温，长桑君吩咐姜殳掰开老妇人的嘴，把药灌了进去。

片刻之后，老妇人的脸色开始好转，不像先前那么苍白了，待喝下药后，中暑的症状就消失了。临走之前，长桑君又给老妇人开了几服药，嘱咐她回家一定要照方煎服，调养好身体。

这件事在秦越人心里留下了深刻的印象。他对长桑君肃然起敬，并且暗自思忖，要是能够跟着长桑君学习医术，那真是三生有幸啊！秦越人已经记不清这是长桑君第几次在旅馆里给病人诊治了。耳濡目染之下，秦越人学到了很多医学知识，他在心里一遍遍揣摩着长桑君对病人的诊断。久而久之，秦越人就对阴阳、寒暑、温凉等有了日渐清晰的了解，对医学产生了愈加浓厚的兴趣。长桑君通过察看病人的气色就能诊断疾病，这高超娴熟的医术令秦越人钦佩不已。长桑君耐心救人的事迹，感动了秦越人，使他对医学更加心向往之。

秦越人为人机敏聪慧，性情温和，长桑君打心里喜欢这个用心钻研的年轻后生。秦越人尽管没有拜长桑君为师，倒也算得上是他的弟子了。

春秋战国时期，医学已经达到了相当成熟的高度，各国出了不少医术高超、驰名天下的医生。秦越人很早的时候就听说过"病入膏肓"的故事。可是，他没有系统学习过医理，并不明白其中的道理。一个病人的病情发展到什么程度，才能判断病人已经无力回天，这个问题困扰了秦越人很长一段时间。有一天，秦越人趁长桑君休息的时候，向他请教"病入膏肓"的问题。

对于秦越人的这个问题，长桑君感到既惊讶又欣慰：这个年轻的后生，没有学过医学，却对病情有了这么深入的思考，前途无量。不过，长桑君没有直接回答秦越人的问题，而是给他讲起了病情的发展。一个人的病情，是由小到大、由轻到重，慢慢积累起来的。如果能在身体出现疾病征兆的时候就重视起来，及时进行治疗，那么就能省时省力，甚至能够根除病灶；要是等到病灶开始扩散，身体出现了小毛病的时候赶紧治疗，也还能治好；如果放任病灶扩散而不管它，等到病情加重，甚至发展成绝症，那么即便是天医星下凡，恐怕也无济于事了。"病入膏肓"，其实讲的就是见微知著，及早预防病势的恶化的道理。

听了长桑君一席话，秦越人茅塞顿开。他接着说出另一个疑惑：有什么办法能够遏制病势的恶化呢？

这个问题倒是难住了见多识广的长桑君。长桑君告诉秦越人，中医的医道变化多端，一来疾病是千变万化的，二来病人的身体素质也各不相同，任何一个良方，都不是放之四海而皆准的。如果用一种恒定的药方，去治疗所有的病人，无异于刻舟求剑。行医之人必须综合考虑寒暑、动静、男女、内外等因素，来定医疗之方。变化存乎一心，不是一句话就能概括的。

听了长桑君一席话，秦越人重重地点了点头。秦越人想：医海无涯，自古"天道酬勤"，至于如何遏制疾病的恶化，那就只有通过博求天下医方，潜心钻研医术，才能找到答案了。倘若能用有限的生命去精进医术，救济苍生，这大概就是最高的医术了吧。

姜殳看得出来，长桑君似乎很器重秦越人，有心培养秦越人，于是心生嫉妒。姜殳和秦越人在性格上有着天壤之别。姜殳为人灵活机巧，善解人意，老师说什么话他都能马上心领神会，而且也能做得很好。他跟着长桑君学医整整10年，深得老师真传，进步很大。而秦越人平素话不多，再加上没有经过系统持续的医学训练，进步没有姜殳明显。姜殳常常挖苦秦越人，通过言语的刺激让秦越人明白，秦越人是西瓜皮打鞋掌——根本不是那块料。

有一天，长桑君出诊去了。姜殳看秦越人在翻弄他们炮制好的药材，就走过去嘲笑秦越人，说秦越人长得和传说中的獬（一种神兽）差不多，说话的声音又像喜鹊，先生教什么也学不会，待长桑君百年之后，像秦越人这等资质的学徒，只配做自己的管家。秦越人明白，姜殳想让自己知难而退。

这样的讥讽秦越人已经不是第一次听到了。听了姜殳的挖苦，秦越人既不恼也不惧，反而更加从容。对于学习医术，秦越人有着自己的理解。他觉得先生教什么就学什么，鹦鹉学舌，并不叫有本事。面对形形色色的病人和千变万化的病情，举一反三，见微知著，这才是一个医者应该学习的关键。况且，一个人的长相和声音都是父母给的，只要自己喜欢，又何惧他人的言辞呢？

姜殳看到秦越人愚笨呆傻的模样，更加觉得好笑，认为秦越人不是学医的材料。长桑君巡诊回来以后，姜殳就把秦越人的表现转告给了老师。长桑君也一笑置之。

　　经过10年的磨炼，姜殳已经23岁了。长桑君觉得姜殳医术有了很大的进步，完成了学业，能够开门立户了。可是，姜殳是自己带出来的第一个弟子，对姜殳能否平安顺利地行医，长桑君却没有十足的把握，心里忐忑不安。在让姜殳独立行医之前，长桑君把秦越人叫到跟前，想听一听他的看法。长桑君坐在案几旁边，捻着稀疏的胡须，眼睛盯着秦越人。

　　秦越人看出了老师眼神中闪过的一丝忧虑。秦越人思之再三，还是将最真实的想法毫无保留地告诉了长桑君。他认为，姜殳虽然为人"机巧"，行事"敏速"，但是稍显轻浮，不够沉稳。这既是他行事的问题，也是他性格的弱点。以这样的性格去行医，一开始能够平安无事，但不久之后，就会招惹灾祸，最后恐怕会身陷囹圄。

　　长桑君看了看秦越人，心想："他小小年纪，看人未必准确。姜殳跟着我学医10年，机巧聪明，从来没有出过差错，是个可塑之才。再说，他不能永远跟着我，早晚都要独立行医的。"经过一夜激烈的思想斗争，长桑君内心的天平还是倾向姜殳这一边，最终决定让姜殳独自云游四海，悬壶济世。

　　第二天清晨，师徒在卢邑城门话别。长桑君紧紧地握着姜殳的手，千言万语一时不知从何说起。俗话说得好："药是纸包方，又是纸包枪。"长桑君叮嘱姜殳，行医不同于其他行业，以医为业之人，必须小心谨慎，才能免遭祸事。对待病人要有悲悯之心，诊断病情时务必慎之

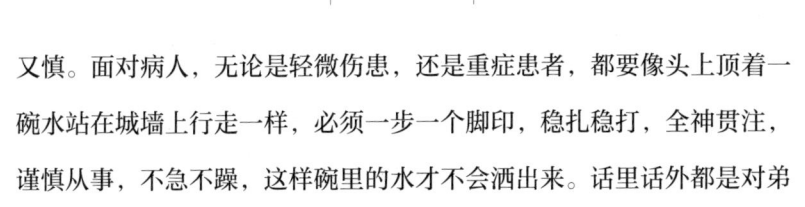

又慎。面对病人，无论是轻微伤患，还是重症患者，都要像头上顶着一碗水站在城墙上行走一样，必须一步一个脚印，稳扎稳打，全神贯注，谨慎从事，不急不躁，这样碗里的水才不会洒出来。话里话外都是对弟子的担忧，眼神里又满是长辈对晚辈的关切。

这番语重心长的叮嘱并没让姜殳开悟，反而进入秦越人的心里，使其顿有幽室见日之感。这让秦越人在几十年的行医生涯中受益匪浅。秦越人始终谨记长桑君的谆谆教诲，从不敢有浮躁的念头。

毕竟师恩深似海，姜殳双膝一屈，跪下向老师行了一个大礼，拜谢老师的教诲之恩，然后收拾好自己的行囊，眼含热泪，走进了熙来攘往的人潮之中。这大概是长桑君给弟子上的最后一课了，其他的东西就需要姜殳自己在行医过程中去领会了。

岁月如梭，时光飞逝。姜殳在外行医3年，果然像秦越人所预言的那样，起初诸事顺遂，到最后却落得个身陷囹圄的下场。原来，姜殳一开始给人们治病的时候，还能记着老师长桑君的告诫，手到病除。在姜殳积累了一些声名后，来请他看病的人越来越多，有些地方上的大官也慕名前来。当名利扑面而来的时候，姜殳被冲击得晕头转向。越到最后，他越发膨胀，给人看病的时候自以为医术了得，就漫不经心，投机取巧，不再像从前那样细致认真了。结果误诊病人，害了一条人命。姜殳因此沦为阶下囚。

姜殳的遭遇让长桑君痛心疾首。长桑君更深刻地思考学医之人应有的品德。医学说到底是一项"活人之术"，因此行医也就不同于其他行业。如果医方传到了心术不正之人的手中，那么，再好的医方也会成为索命的毒药。

扁鹊

姜耷入狱以后，长桑君日渐苍老。从长桑君第一次住进秦越人的旅馆，已有10年了。孔子云："逝者如斯夫，不舍昼夜。"果然不虚。长桑君上了年纪，感到精力大不如前，抬眼视物也日渐疲惫。稀疏的白发时刻提醒着他来日无多，该将后事提上日程了。他的弟子姜耷，机敏有余而稳健不足，行医之路已经停止了。长桑君希望在百年之后，自己一生积累的医学知识和经验，能够有人传承下去，用来救治更多的人。这个人不仅要有耐心、智慧和勇气，还要有悲天悯人的情怀。想到这里，他内心不禁涌动着一股热流。

其实，这些年来，长桑君一直在暗中观察秦越人。长桑君在闲坐的时候常想：一个青春少年，能够将最美好的10年光景，放在一件单调的工作上，此人一定是一个极其有耐心、做事一丝不苟的人。就像一颗石子沉入水下，水深而静，水下的暗流不停地打磨着石子的棱角，而石子只管静默不语，来日即可修成正果，变得圆润而光滑。秦越人不正是这颗落入水中的石子吗？经过长达10年的观察，长桑君发现秦越人聪敏颖慧，好学专注，性情温和，不贪私利，确定是继承自己医术的最合适的人选。《素问》中有一句话，说的是行医的人择徒而教是极其重要的。如果遇到钟情岐黄的可造之才，老师却不教授于他，这是老师的失误；但是，如果所授非人，也是对医学的亵渎。

在秦越人出现以前的漫长岁月里，所有的医生都是官医。医师是国家的众医之长，他负责将国内不同的病人分配给不同的医生治疗。到年底的时候，这些医生还要将老百姓的病情写成报告，汇报给自己国家的医师。

长桑君就是齐国的一个宫廷御医。他恰好负责卢邑一带，为这里的百姓排忧疗疾。而卢邑又地处交通枢纽的位置，所以长桑君因为公务，

《素问》书影

经常会经过秦越人开的旅馆，也就自然地入住其中。正如秦越人初见长桑君时所预料的那样，长桑君并非常人。

先秦时期，医学知识和书籍主要保存在列国官府中，一般人可以说跟医学是绝缘的，想要从医简直比登天还难。由于御医的身份，长桑君手里掌握着大量的"禁方书"，也就是宫廷医方。但是，按照古时候的规定，宫廷医方是不允许外泄的，因为上面记录着宫廷的最高机密。

长桑君在外游医几十年，深深感受到民间疾病多而医生少，缺医少药，很多百姓因为找不到医生救治而延误了病情，有的甚至搭上了性命。当年他把姜殳带在身边，目的也是多培养一个医生。如今，长桑君陷入了深深的矛盾之中：按照职业道德，他应该永远私守这些"禁方书"；但是，如果想救济天下苍生，那么他应该将这些"禁方书"和他毕生所学，毫无保留地传授出去。可是，如果让人知道，他将"禁方书"泄露出去了，恐怕要罹遭横祸啊！

夏末的一天，当夜幕蒙上了这座小城的时候，旅馆也褪去了白天的热闹与忙碌，一切都变得安静下来。窗外，雨淅淅沥沥地下着。秦越人正准备关门时，长桑君出诊归来。长桑君摘下斗笠甩了甩上面的雨水，顺手将斗笠立在门后，走进来坐在桌子旁。

长桑君想：就在今天把事情交代了吧！他招呼秦越人过来一起坐，越人闻声坐了过来。长桑君说："我年纪大了，想把一生所学传授于你。学医是很辛苦的。这些年你也跟着我学到了不少东西。你先到山上去采药，一年以后我再来找你。"说完就把采药的工具和药样交给秦越人。住了一宿后，长桑君没有跟秦越人打招呼就离去了。

第二天一大早，秦越人就扛上药锄、背上药篓出发了。他每天登山涉谷，在山花野草间寻觅。秦越人折了一根树枝，一边在山上开路，一边用树枝抽动脚下的杂草，以免毒蛇袭击。他比照着药样，每采集到一种药草，就摘下来嗅气味，然后放到嘴里嚼一嚼，品尝它的味道。他踏遍了药山的山石沟壑，也识遍了那里生长着的各种药材。一年的时间很快就过去了。

一天傍晚，秦越人回到旅馆，看到老师长桑君已经坐在旅馆里等他了。看到秦越人药篓里采的草药，长桑君欣慰地笑了。原来他让秦越人去采药大有深意。在采撷草药的过程中，秦越人不知不觉地就辨识了常见的药物的形态，体察了药物的药性，同时，也亲身感受到了行医的艰苦。虽然秦越人对草药有了初步的了解，也观摩过长桑君诊病的场景，了解了一些简单的治病方法，然而，"纸上得来终觉浅，绝知此事要躬行",秦越人还缺乏实践。于是,长桑君让秦越人再到周边走街串巷,给老百姓诊脉治病。他们约定好,等秦越人治够了5000例病人后再回来相见。

于是,秦越人又开始了艰苦的行医生活。他到周边巡诊,给人开药的时候,人们都不信任他。《礼记》中早就记载过,"医不三世,不服其药",就是说医者只有出身世家,幼承庭训,饱读医籍,这样代代相传,才能精通医理,那么开出的药才让人放心。秦越人年纪轻轻,又不是出身世家,人们怎么会相信他的医术呢?他初出茅庐,意气风发,没想到初试锋芒,就被人们质疑的目光弄得束手无策。秦越人原本一片热忱,自觉跟着师父学习医术。怎么问诊、怎么诊脉,他都一一记在了心里。闲暇时他也看了一些医典,对医道略通一二。没想到,第一次出诊就着实让他泄气。他开始怀疑自己是不是当医生的材料,甚至想放弃。可是秦越人转念一想:以后的路长着呢,遇人质疑自己就半途而废,这怎么对得起长桑君的提携和栽培呢?想到这里,秦越人又重拾信心,勇

唐诗《药》

敢地面对人们的质疑，苦口婆心地劝说着病人和家属。谁知，大家宁愿忍受病痛的折磨，也不愿意给他一个机会。秦越人决定"背水一战"：他熬好了药，自己先喝了一碗。病人见他喝了药汤后毫发无损，才试着喝了起来。几天后，病人的病真就好了。

  初试锋芒，给秦越人增添了不少的信心。他挨村挨户地巡诊，每接触到一种病例，他都会认真地察看病人的脸色和五官，听病人发出的各种声音，比如呼吸声、说话声和咳嗽声等，还要仔细闻病人身上和嘴里的味道，询问病人的发病过程、各种感受、生活习惯和既往病史，摸病人的寒热部位，综合考量病人各方面的症状，然后认真诊断病情，再把医案、心得都记下来。等到给病人复诊的时候，他再耐心地询问病人用药前后有什么变化、疼痛有没有减轻等。不知不觉间，他就记下了大量的病例和医案。通过对5000例病人的诊治，秦越人的足迹踏遍了方圆百里的村落，对什么病要用什么药基本上了然于胸。

  完成了老师交给他的任务后，秦越人就直奔旅馆，想跟老师分享他的快乐。到了旅馆，他发现长桑君病倒了，正躺在榻上。秦越人二话没说，放下药箱和行李，就给老师熬药、喂药，悉心照顾了一夜。

  第二天黎明时分，长桑君的病情总算是稳住了。长桑君从认识秦越人开始，就目睹了他的成长和进步。秦越人上山采药一年，这对他辨识草药有很大的帮助，而且他在采药的风餐露宿中锻炼了坚韧的意志力。他还诊治了几千个病人，增加了阅历，能够把握病人的脾气、秉性和病情诊断的关系。医者最讲究"仁心"。长桑君自己病了这一场，秦越人侍奉在侧，悉心照顾，就像对待自己的家人、朋友一样细心。长桑君对秦越人很欣赏，坚信秦越人就是继承自己衣钵的不二人选。如今自己年

扁鹊采药

纪大了,长桑君打算将珍贵的医方传授给秦越人,让秦越人努力钻研医术,救济苍生。

长桑君展开随身携带的包袱,里面包着一大摞竹简。长桑君示意秦越人去把门关上,似乎有些话要对他说。秦越人关好门,转身来到长桑君的床榻前。长桑君谨慎地将一摞竹简交到秦越人手里。原来,这是长桑君秘藏的医方,还有他一生行医诊治各种病症而整理出的医案。秦越人不禁大惊。按照规定，秘藏的医方是不能公开传授的，一旦泄露出去，将会招致杀身之祸。这一点长桑君又如何不知呢？但为了秦越人和医学的传承，长桑君下定决心涉险一搏。

秦越人诚惶诚恐地捧着那些沉重的竹简，他怎么也没想到长桑君会将这么珍贵的"禁方书"传给自己。秦越人抬头看向长桑君，见他苍老的眼睛里分明写满了坚定和信任。从这一天开始，秦越人的命运发生了根本性的转折。那个追随长桑君10年的姜殳，没能传承老师衣钵，秦越人却成了长桑君的弟子，将以一个医者的身份，走向四方。接着，长桑君从怀中取出一个小药瓶，将他采集奇珍制成的药，交到秦越人手上。交代完毕生最重要的事后，长桑君紧锁的眉头缓缓舒展，眼中闪烁着希望的光辉。

长桑君对于秦越人而言亦师亦友，两人心意相通。长桑君的深意，秦越人又何尝不知呢？

成都老官汉墓出土医简

当今医生多为官医，是为贵族服务的，但是疾病却不分贵贱。如今，民间缺少良医，百姓生了病却得不到救治，只能向巫医求助。长桑君行医一生，对这种现状十分忧虑，只是他年事已高，希望秦越人能继承他的医术，改变这种现状。

秦越人从卢邑城小旅馆里的苦闷少年，成为一位悬壶济世，深受人们爱戴的医者，命运发生了戏剧性的变化。10年前，秦越人的父亲出于对功利的追求，固执地浇灭了秦越人的理想之火。如今，长桑君成为秦越人的引路人，将他领进了另一个天地，将他心中那团救济苍生的火苗重新燃了起来。从此，秦越人的脚下是另一条光明的道路，这是谁都没有想到的。

长桑君推门而去，只留下一个渐行渐远的背影。从此以后，秦越人就再也没有见过他。城里的人大多受过长桑君的恩泽。有人说长桑君是神仙，服下灵丹妙药羽化登仙了。只有秦越人心知肚明：长桑君将秘藏的宫廷禁方传授给了他，为了避免官府追责，只能飘然而去，隐逸江湖。

长桑君的心愿是民间能有更多的良医。秦越人对此一刻也不敢忘记，可是仅凭他一人，如何能拯救天下苍生呢？在当时的社会环境中，医术传承还是秘密进行的。但是到了秦越人这里，他大胆革新，公开广收弟子。他的第一代弟子有子同、子明、子游、子仪、子越等。在行医过程中，这些弟子常伴秦越人左右，不仅成为他行医的得力助手，"子同捣药、子明炙阳、子游按摩、子仪反神、子越扶形"，而且他们都传承了长桑君和秦越人的医术，对光大中华医学做出了重大的贡献。

秦越人一生到底收了多少徒弟，今天我们已经很难知晓了。但是

扁鹊

扁鹊拜师

中医带徒是从秦越人开始的,这是毋庸置疑的。在秦越人公开收徒以前的漫长岁月里,医生都是官医,医学是专门的学问,跟百工(工匠)一样,都是父子之间衣钵相传。假如父亲是个医生,那么儿子要子承父业,以医生为职业;如果父亲是个泥瓦匠,那么儿子注定接过父亲的饭碗,当个泥瓦匠。长桑君将一身医术传授给秦越人,还是秘密进行的;而秦越人带徒行医,却是广为人知的。

当初，秦越人亲口承诺，不将老师长桑君的医方外泄。战国时期，君子非常注重承诺，有的甚至为了践行承诺，蹈义而死，在所不惜。在那样的社会环境中，违背承诺是一件可耻的事情。究竟是什么让秦越人敢"冒天下之大不韪"呢？

春秋战国时期，诸子百家都是很重视"道"的。儒家创始人孔子就曾经说过："朝闻道，夕死可矣。"道，是万物的本源。对于医学行业来讲，悬壶济世、拯救苍生就是人间正道。作为一个医生，如果不能尽全力拯救苍生，只顾个人名誉，才是真正的背离大道。秦越人是个通达之人，他知道将医术传承下去，比恪守诺言、固守自己的名誉要重要得多。

秦越人带徒行医，是中医学史上第一个开宗立派的人，于国于民于他自己，都不得不说是一个创举。这也是古老的济南对中华医学的贡献。秦越人和孔子生活在同一个时代。孔子开坛授徒，有教无类；秦越人亦开坛授徒，有"医"无类。在秦越人生活的年代，先秦医学已经取得长足的发展，在民间走街串巷行医的人多了起来。

民间传说，秦越人是因为得到了神仙高人的指点，喝了用无根的上池水煎服的神药，双目有了透视功能，能看得见病人的五脏六腑，所以不管病情多重的人，只要经过他的诊治，没有治不好的。在一代又一代的口耳相传中，秦越人变成了一个神乎其神的医生，被人们称为"神医"。秦越人只是将老师的重托铭记于心，刻苦专注地学习医术。他钻研着老师留给他的医方、医书、医案。他一章章地背诵揣摩，精研其意，深究其理，思考着传统脉诊的改进之法，开始了漫长的行医生涯。

秦越人用学到的医术给周边的老百姓治病，慢慢地在当地有了一些名气。可是他发现,很多病还没有太好的草药来治。他决定一边行医,一边去山上采药。至今,在他的家乡济南的药山、鹊山等地方,仍留存着2000多年前他采药、炼药的遗迹。

第三章

针灸切脉泽后世

扁鹊

济南城北有拔地而起的九座小山，自东向西分别是卧牛山、华不注山、凤凰山、鹊山、标山、北马鞍山、药山、粟山和匡山。九座山排列在古济水两岸，云雾缭绕，染黛笼烟。远远望去，浮岚滴翠，真有烟笼雾锁的神幻之感。

唐代诗人李贺在《梦天》中说："遥望齐州九点烟，一泓海水杯中泻。"这首诗原本是感叹，倘若从天上俯瞰九州，它们不再辽阔壮观，而是小得就像九点烟尘，那浩瀚的海洋也如同一泓清水，倾泻到握在手里的杯中。巧合的是，济南古称齐州，李贺的诗倒像是特地为济南城北的九座山头量身打造的一般。于是，人们就用李贺诗中的"齐烟九点"来形容济南城北的九点烟景了。

到了清道光二十五年（1845），历城县令叶圭书还特地在千佛山上主持建造了齐烟九点坊，牌坊前面刻有"齐烟九点"四个大字，后面刻

齐烟九点坊

有"仰观俯察"四个字。站在齐烟九点坊，能够"仰观宇宙之大，俯察品类之盛"，齐烟九点的风姿亦能尽收眼底。古时候还没有高堂广厦，站在千佛山上一下子便能目极四野，一切的城郭、田舍都在一马平川之中缓缓地铺展。齐烟九点遥相呼应，构成了环形的巨幅水墨画，平铺眼底，给济南城涂抹上一层浪漫主义的色彩。

其实，药山也是欣赏"齐烟九点"的绝佳地方。

药山与鹊山相去不远，隔黄河伫立，两山相望。药山，是济南风景名胜"齐烟九点"的其中一"点"，又叫齐山、云山或者卢山。它北依滔滔黄河，南与北马鞍山相顾，东连济南城区，西为平畴沃野，东北边就是鹊山。站在黄河边眺望药山，九座山色如青黛，宛如九朵盛放的莲花一般，因此药山又叫作"九顶莲花山"。

药山海拔只有125米，山势低，坡度比较缓，与众多名山相比本是平

药山公园

扁鹊

平无奇。然而，这座原本平平常常的小山，却因为留下了"神医"秦越人的足迹而名动神州，从无数名山大川之中脱颖而出。

药山盛产药材，又是"神医"秦越人采药济民的地方，于是在老百姓的眼中，这座小山就与救死扶伤有了关联。相传，附近的村民凡是有罹患疾病的，都会来药山焚香祭拜，祈求身体康健、阖家老少平平安安。

药山在济南还流传着一个美丽的传说。

相传，在很久以前，济南的北郊还是一片可以纵马疾驰的广阔平地。原本天上只有一个太阳，每天从东方升起，从西山落下，昼夜交替，一年四季寒来暑往，农作物春生夏长，秋收冬藏，一切都不紧不慢、有条不紊地进行着，人们过着平和喜乐的生活。突然有一天，天上又多出来11个太阳，为祸人间。它们每天张着大口，将无烟的大火喷吐到人间，热腾腾地燃烧着。好端端的人间变成了一个大火炉，大地被烤焦了，庄稼被晒死了，江、河、湖、海也都干涸了，黎民苍生都没有了

前往药山的石阶

药山最高峰

活路。人间俨然成了一个地狱。老百姓的哭喊声、哀号声传到了天上，被正在上朝的玉皇大帝听到了。玉皇大帝听说老百姓们正在遭受着流火炙烤之苦，心生悲悯。为了能让人类繁衍下去，玉皇大帝就派武艺高强的二郎神去捉拿那些祸害人间的太阳。

二郎神奉玉皇大帝之命来到人间，他健步如飞，如同离弦的箭一般追赶太阳。二郎神力大无比，用扁担挑着11座大山追赶太阳，每追上一个太阳，就用扁担里的一座大山将它压住。他走过千沟万壑，翻越崇山峻岭，走了好几千里，终于将8个太阳压住。眼看就要大功告成了！

这一天，二郎神挑着两座大山来到济南北郊。连日马不停蹄地追赶太阳，让他感到疲惫不堪，又累又渴，就放下担子坐在路边小憩。没想到，那两座大山竟然像春天的麦种一样，一落地就生了根，并且开始急速地生长。这可把二郎神给急坏了，他赶紧站起身想把大山给搬起来，但大山已经扎了根，任凭他用尽全身力气也搬不起来。他着急地围着两座大山来回转圈，直冒大汗。要是再想不出办法来，济南的老百姓就算不被太阳烤死，也要无家可归了。这可如何是好呢？

天上的太上老君看到了人间的这一幕，他担心两座大山就这样无限地生长下去，迟早有一天会压住山明水秀的济南城，那样一来，人间就少了一处美景，老百姓也无处安家了。他向玉皇大帝禀报了这一情况，说了自己的想法。玉皇大帝批准后，太上老君就从自己的炼丹炉里抓了两把丹药，围着两座大山撒下去。没过多久，太上老君撒下的丹药就在山上生根发芽，数百种草药遍及山野，有半夏、柴胡、生地、千头菊等。从此以后，大山再也没有增高。这就是药山盛产药材的传说。

虽然，济南城北的山不是二郎神挑来的，山上的药草也不是太上老君种下的，不过，这个美丽的传说却让人们对药山多了一份遐想。药山虽小，但风景秀丽。它的西侧有一个洋涓村，附近有洋涓湖。每逢盛夏时节，湖水清澈，莲花怒放。生活在金元之际的元好问，一生三次来到济南，对济南的好山好水有着深厚的感情。他在《药山道中》写道："石岸人家玉一湾，树林水鸟静中闲。此中未是无佳句，只欠诗人一往还。"在元好问的笔下，这里湖山相映，鸟鸣林幽。药山不是缺少美景，而是缺少诗人发现美的眼睛。

2000多年前，在这个美丽的山头，秦越人用脚步踩出了中国医学发展的大道，用汗水浇灌着山上的花草。药山距离秦越人的家乡不足百里，他少年时期曾经跟着两个哥哥到过这里。那时候，他们看花是花，看草是草。秦越人成年以后，在老师长桑君的指导下，他又到这里采过药。长桑君走后，当他再一次来到这里，心境变得跟以前大不相同。

盛夏时节，草木像往年一样葱茏。秦越人的心忽然变得开阔起来，心底升腾起一种异样的感受。或许是成为医生的使命感，使他对药山有了更深刻的认识。

药篓已经将秦越人的脊背压出了深深的印痕，这是常年上山采药造成的。秦越人不是等闲之人，药山也不是等闲之山。药山的海拔虽然不太高，但是山上怪石嶙峋，奇嶂突兀，石间松柏滴翠。

对于一心采药的秦越人来说，这可不是美景，而是难关。药山上怪石叠踞，根本没有现成的山道可走。然而，一些珍贵的草药往往就生长在石隙中。一天下来，秦越人不知道要走多少山路。为了采到险要处的一些药草，他经常失足跌到山下，膝盖、手臂都磕破了。

上次，子越登山时不小心被折断的树枝戳伤，伤口很深，血像泉眼似的，汩汩地直往外冒，疼得子越鼻翼上都渗出汗珠来，不住地呻吟。秦越人随手从旁边选了一把草药，挖出它的根茎，放进嘴里嚼成糊状，然后吐出药浆敷在子越的伤口上，又从口袋里扯出一块洗净的布条包扎

登药山必经山洞

伤口。不一会儿，子越的血就止住了，疼痛也减轻了很多。秦越人借着这次机会，向弟子展示了草药地黄的止血功效。

春秋战国时期，还没有像今天的医科大学之类的医科院校，也没有专门的药铺，医者的药物辨识和临床经验要么来自家学，要么就来自广阔的大自然。秦越人并非出身医学世家，他跟随长桑君学医的时间并不长，他的大部分药物知识都是从大自然和社会实践中得来的。

公元前362年，秦越人带着弟子们几乎踏遍了药山的每一处角落。山上万木葱茏，有木槿，有槐树，还有松柏、臭椿等，密密匝匝，浓荫蔽日。很多野草在树林或石缝中自由地生长着。秦越人发现这里简直就是野生药材的家园，随处可见半夏、远志、茵陈、柴胡、生地、地黄、千头菊等各种药材。

秦越人冒着生命危险，将采摘的野草枝蔓一样一样放到嘴里，细细地品尝它们的味道，是甘甜还是苦涩。什么花草能治什么病，他都用心地揣摩。弟子们也学着他的样子品尝药草。有一次，子阳尝过一种药草的叶子后，就把花朵扔掉了。秦越人看在眼里，什么也没说，而是顺手捡了起来，将它的叶子、花朵、果实、秆茎、根须等，一一放进嘴里品尝。常言道："润物无声，大教无言。"秦越人经常用这样的方式，让弟子们明白尝药草的时候一定要很仔细才行。只有这样，才能辨识出百草的性能来。

有一次，秦越人尝了一种野草

药山上的药葫芦

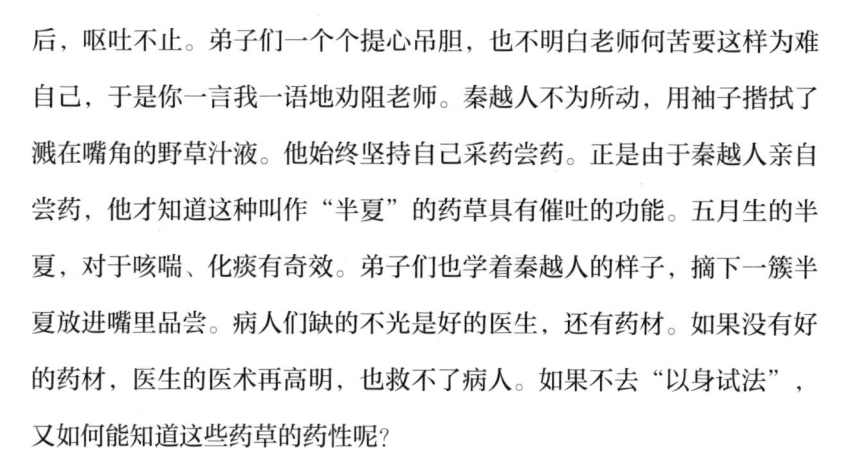

后，呕吐不止。弟子们一个个提心吊胆，也不明白老师何苦要这样为难自己，于是你一言我一语地劝阻老师。秦越人不为所动，用袖子揩拭了溅在嘴角的野草汁液。他始终坚持自己采药尝药。正是由于秦越人亲自尝药，他才知道这种叫作"半夏"的药草具有催吐的功能。五月生的半夏，对于咳喘、化痰有奇效。弟子们也学着秦越人的样子，摘下一簇半夏放进嘴里品尝。病人们缺的不光是好的医生，还有药材。如果没有好的药材，医生的医术再高明，也救不了病人。如果不去"以身试法"，又如何能知道这些药草的药性呢？

　　白天，秦越人一边带领弟子们采挖百草、尝药、辨药，一边给弟子们讲解，从药草的性味讲到功效，从采集讲到炮制，再讲到配伍。弟子们的医学知识很多都是在山上学到的。天地之大，随处都是课堂。采摘了一天后，他们每人都背着满满的一筐药草，又累又饿。药山有九个峰顶，他们走完一座山，又攀一座峰，从东方欲晓走到日落西山，再走到月亮升起。月亮的清辉从树叶的罅隙里透过来，他们借着这散淡的月光，加快脚步赶路，一步一步艰难地挪下山来。到了晚上，他们师徒就借着灯光在木简上记下每种药的特征和药性。

　　药山盛产草药。要说秦越人在药山上采集、辨识到的药材，最有名的当属奇药"阳起石"。阳起石，是一种矿物，味咸，性温，有绿色、绿灰色、白色等不同的颜色。济南的药山上产的绝佳的白色阳起石，也叫"白玉"。药山下有一洞穴，盛产阳起石，所以药山又叫作"阳起石山"或"阳起山"。

　　阳起石看上去只是一种极其普通的石头，但它却可入药，是治肾气乏绝、阳痿不起的名贵中药材，还能治疗女性宫冷，有滋阴壮阳的奇

药山远景

效。虽然全国有很多地方都出产阳起石，不过，唯有药山出产的阳起石质量最为上乘。药山之所以声名大振，也跟它盛产阳起石有关。

传说，药山上常年有暖气。就算是隆冬时节，齐鲁大地银装素裹的时候，唯独药山上没有积雪，鹅毛大雪落在山上旋即就消融了。其他地方的草木一遇寒冬就已经倒伏，而唯独这里四季常青，好像是被上天特别眷顾的地方。人们都说，这是因为药山上盛产阳起石，而阳起石性温热，所以能够散发出温热之气，有热气常年熏蒸，自然没有积雪。

宋熙宁六年（1073）冬天，"唐宋八大家"之一的苏辙，来到济南出任掌书记。他是因为向往济南才来做官的，前前后后住了3年的时间。他深爱着济南的山山水水，在济南尽情享受着"乐山""乐水"的妙趣。

苏辙对药山有着浓厚的兴趣。他早就听说过药山因产阳起石而无积雪的传闻。有一年冬天，大雪纷飞，苏辙冒雪出门，欲一睹山无积雪的异彩。一路上，苏辙踏着厚厚的积雪寻山，果然望见山上没有积雪，就像传说中的那样。于是，他便认为阳起石果然能够发热消融积雪，为此他还特地作了一首诗，赞叹阳起石的神奇功效——"消融验药功"。

后来有人说，药山上没有积雪，其实不是因为阳起石温热的性能，而是因为药山全部是由怪峭嶙峋的石头组成的，冬天飘雪时，怪石峭峰裸露在外面，风一吹，雪便没法在上面存留。但阳起石的传说还是一代一代地传了下来，给阳起石的神奇功效增添了神秘的色彩。

清朝顺治、康熙年间，有一年冬天，北风呼啸，鹅毛般的大雪纷纷扬扬，山上、山下雪白一片，远处的村庄都看不真切了。济南历城有一位诗人叫高瑾，他沿着曲折的羊肠小道向药山走去，遇到刚从山上打柴归来的樵夫。寒冬时节，只有药山上草木葱郁，"经冬草木青，山根气如煦。所以涧底石，合药起沉痼"。这里的"涧底石"，就是阳起石。高瑾于雪中访药山，不失为一种雅人雅趣。

古代农历三月三日上巳节，药山还是游人们登高踏青的好去处。无论是山下的人家，还是远方的外乡人，云集于此，人喧马嘶，十分热闹。药山庙会规模盛大，甚至与千佛山九月九庙会齐名，当时就有"一山聚得八方客，不上佛山上药山"的美誉。

根据《宋史·地理志》的记载，阳起石对治疗肾气乏绝、阳痿不举药效甚佳，但是阳起石的数量十分有限，开采又比较困难，因此在宋朝时，阳起石成为地方官员进京时必备的贡品。明清时期，阳起石被官府垄断，作为济南特产上供朝廷。于是，这种本来应该惠泽万民的药材成为朝廷专用的名贵药材。

俗话说："物以稀为贵。"为了能够得到这一珍贵的药材，当地官府甚至封锁了药山。良药害人的惨剧在明末诗人王象春的诗文《药山》里是有记载的。普通人要得到药山上的阳起石，几乎是不可能的。

遥想当年，秦越人历经千辛万苦采得良药，为的就是惠济万民。

《宋史》所载阳起石

千百年后，这良药竟成了官府迫害百姓的"毒药"了。这倒是让秦越人始料未及的。

盛产阳起石的洞穴今天仍能看到，开采的累累痕迹历历可见，只是阳起石已不多见了。常言道，抚今追昔，物是人非。如今是人非物亦非了。在古代文人墨客的笔下，提到药山，没有不提到"阳起石"的；而提到"阳起石"，也没有不提到药山的。

药山以药而闻名。一个玉匠要想练就登峰造极的技艺，必须每天雕琢璞玉，以打磨慧心巧思；同样，一个医生要想成为枯骨生肉的杏林高手，也必须每天采药、炼药，以精进回春之术。采药、炼药是秦越人师徒每天的功课。

想当初，秦越人初涉医林，聆听老师长桑君的教诲，他就像杏林里的一株幼苗，如沐春雨，深受教益。如今，长桑君飘然而去，秦越人学习心切，把老师留下来的古方秘籍展于案几之上，朝背夕诵，以求烂熟于心。然而，他知道，作为一个合格的医生，大自然才是最好的学校。他常常告诫自己的弟子们，要走出书斋，就算有一天功成名就了，也要亲自到山上去开阔眼界，辨识草药，这样才能发现更多有奇效的药材。

古今中外的很多发明，其实都是在"书斋之外"被创造出来的。我国中医学上针灸用的银针就是这样发明出来的。

八九月份，正是济南的夏末秋初，刚下过雨，茫茫晨雾将药山裹得只有山影隐现，远处隐约传来几声鸡鸣狗吠。大清早，秦越人和弟子们像往常一样，背上药篓，顺着药山北麓一路往上走。草叶上还蒙着一层细密的水珠，雾霭漂浮在山间绿树上，萦绕不散。苍郁的药山，别具一番清净的意境。在一个陡峭的斜坡处，由于雨后路面湿滑，秦越人滑倒了。就在倒地的那一瞬间，秦越人下意识地抓住了旁边的一株野酸枣树。子阳和子越见状，赶紧上前将老师扶起来。秦越人缓了缓神，艰难地站稳后，这才感觉到手指肚上隐隐作痛。原来是一根酸枣树的刺，整个扎进了右手食指肚里，只剩尾部留在外面。正值酸枣成熟的季节，那刺也正是刚劲的时候，又尖又硬。秦越人捏住酸枣刺的尾部，小心翼翼地将刺拔出。他看着刚直、尖细的酸枣刺陷入了沉思：酸枣刺的尖头，不正是因为尖细得连刀锋都容纳不下，所以才能这么轻易地刺透皮肤，深深地扎进肌肉组织里，而不为人所察觉吗？

灵感往往会启发人们的创造发明。

平时秦越人就在思索如何改进石制的针（砭石）。砭石是中医诊疗时常用的工具，是把石头磨成尖状或片状，在病人相应的穴位上进行按摩刺激，以此来解除或减轻病人的痛苦。但是，砭石也有自己的缺点，它对穴位的刺激只停留在皮肤表层，不能深入肌理。如果想加深刺激，

新石器时代的砭针（河南新郑出土，陕西医史博物馆藏，此图采自《针灸图说》）

就要不间断地用砭石按摩穴位，这样做不仅费时费力，而且治病的效果也不理想。

此时，秦越人突然想到，如果发明一种针，像酸枣刺一样细长、坚硬、尖利，治病效果不就大大提高了吗？想来想去，铁针是最好的选择。那时候，我国的冶铁技术有了很大的提高，秦越人就用铁针代替了砭石。

一根小小的酸枣刺，让秦越人灵机一动创造了金属针，成为中医学史上一个重要的发明。几年后，小小的铁针就在各国普及开来。再到后来，银针代替了铁针。直至今天，针灸科仍然离不开秦越人的发明创造。

秦越人用自己发明的针给病人治病，为病人解除了病痛。一传十，十传百，老百姓都知道：齐国卢邑城出了一个高明的医生，他的扎针技术又快又准。

据说，有个老太太瘫痪在床很多年，她听说秦越人是神医，医术极高，就让自己的儿子用小推车推着她去求神医。

秦越人在老太太瘫痪的腿上仔细诊断了一番后，说只要给她扎一针病就好了。老太太听说还要扎针，吓得脸色发白。她的儿子解释道，自己的老娘平日里倒是泼辣，但唯独怕扎针。秦越人听后哈哈一笑，示意他把老太太推到太阳底下去。

老太太儿子照神医的话把老娘推到了院子里。只见日头当空，老太太面前拉出长长的影子。秦越人跟过来站在影子旁边，取出针，在老太太的影子上扎了两排针。没想到，一炷香的功夫，老太太竟然能站起来了。

其实，给影子扎针是不可能治好多年不愈的瘫痪的，但是人们想象出这样一个美丽的传说，是肯定和钦佩秦越人精准的扎针术。其高超的针法感召着一代又一代医者。

北宋时，都城开封有个叫许希的名医。他由于医术高超，擅长针灸术，被朝廷选进翰林医官院。

公元1034年，宋仁宗患了病，卧榻不起，御医们无计可施。当时，许希在翰林医官院的官职并不高，还没有资格给皇帝看病。他曾经靠扎针给仁宗的第十二个女儿冀国大长公主治好了病。大长公主就向仁宗推荐了许希。

许希给仁宗诊治了一番，从容自若地拿起针，就要针刺皇帝心脏下面包络之间的穴位。大臣们见状吓得面如土色。御医们都知道，心包络是保护心脏的，针刺这个穴位，一旦失手，后果不堪设想。

大臣们的担忧和疑虑也让仁宗心生犹豫。这时，身边的一位太监自告奋勇为主分忧，让许希在他的身上做个试验，看看许太医的针法如何。许希当场就在太监的心包络上扎了几针，太监安然无恙，众人这才安心让许希给皇帝扎针。

经过许希的诊治，宋仁宗的病被治好了。仁宗龙颜大悦，下令封赏许希。在拜谢了皇帝丰厚的赏赐后，许希又朝西拜了一番。宋仁宗不解其中的缘故。原来，许希的医术都是秦越人在古书中传授给他的。两人虽然相距1000多年，但秦越人确实是许希的老师。许希觉得，自己能够治好仁宗的病，都是秦越人的功劳，所以向西拜谢师恩。仁宗赏赐给许希金银、珠宝、丝帛，许希不愿意独享这份殊荣。他奏请仁宗，将赏赐的钱财用来修建扁鹊庙。仁宗特予恩准，就下令在京城西修建了扁鹊庙，并敕封秦越人为"灵应侯"，永世供奉。

秦越人精湛的医术是在艰辛的实践中积累而成的，大自然是他的老师。上药山采药的时候，他经常会遇到打柴的樵夫。时间久了，秦越人跟山下的百姓熟络起来，秦越人经常向他们请教万物的习性，从他们身上学到了很多东西，医术日臻精湛。

山脚下有户人家，男主人叫阳文，与秦越人比邻而居。阳文得了中风，偏瘫在床。这天，秦越人正在家里煅制青礞石，给阳文治疗中风症。在研成粉末配药的时候，门外突然传来一阵喧闹声，秦越人忙问弟子们是怎么回事。弟子子豹告诉他，邻居阳文家里那头老黄牛，养了十几年了，最近不知怎么回事，越来越消瘦，都不能下地耕作了，他的儿子阳宝就想把这头老牛给宰杀了，也免得老牛遭罪。阳宝在牛胆里发现了两块黄色的"石头"。牛胆里怎么会有石头呢？老牛就是因为胆里长了石头，才日渐消瘦的吗？阳宝觉得奇怪，就拿来给秦越人看。秦越人拿起黄色的"石头"仔细察看，光看外形和颜色，几乎跟青礞石一模一样。他心里也疑惑着：牛胆里怎么会长出黄色的"石头"来呢？这种黄色的"石头"有什么用呢？

这时，阳文的病发作起来，秦越人就赶紧和阳宝过去看看。他随手把牛黄放在了桌子上，和青礞石混在了一起。

到了阳文家，只见他双眼上翻、四肢发冷、喘息急促，病情十分危急。秦越人一边给阳文扎针，一边嘱咐阳宝到自己家去把桌子上的青礞石拿来。结果阳宝匆忙中错拿了牛黄。情急之中，秦越人未加细察，就让阳宝把"青礞石"碾成粉，搅拌在水里给阳文灌下。不一会儿，阳文就停止了抽搐，气息也转向平稳，神志变得清醒过来。秦越人又嘱咐了阳宝一番，说明天再来给他的父亲喂药。

等他回到家里，发现青礞石仍然在桌子上，但牛黄却少了一块。秦越人心内有一种不祥的预感：不会给阳文下错了药吧？可是，是谁动了桌子上的药石呢？难道是弟子们误拿了药石吗？按说弟子们跟随自己多年，不会连青礞石都认不出来的。

他赶紧把弟子们唤进屋里，弟子们看见老师焦急的神色，知道事态严重，可是大家你看看我，我看看你，都说没动过药石。子阳忽然想起来，说刚才阳宝过来取过药。

秦越人心想：一定是阳宝错把牛黄当成青礞石了。然而，这个偶然的差错，引起了秦越人深思：难道牛胆里的结石有豁痰定惊的功效吗？阳文服用了牛胆里的结石，就停止了抽搐，效果如此显著，这绝不是偶然。

第二天，秦越人去给阳文复诊的时候，就有意识地将牛黄研成粉给阳文服用。第三天，阳文的病奇迹般地好转了，不仅不抽搐了，原本偏瘫的身体也开始能轻微地动弹了。这时候，秦越人才确信，牛胆囊里的结石确实具有治疗中风的奇效。

结石长在人的身体里是多余的，而长在牛胆上却是药用奇石，是无价之宝。结石长期浸于胆汁中，能清心开窍，镇肝熄风。这种结石凝于胆囊中而成黄，秦越人就给这种新发现的药石取名叫"牛黄"。（牛黄现在也常用，具体用法、用量请遵医嘱。）

牛黄虽然有奇效，但是却非常稀有。因为这是牛得了胆结石后才会长出来的石头。牛得了结石病后,吃草少,喝水少,行走无力,最后病死。但并不是每一头牛都会得胆结石,所以,牛黄就非常珍贵了。

若从药山北麓往上走,首先映入眼帘的是药圣坊。坊柱上撰有一副对联:"九点齐烟唯此独尊,天宝物华人杰地灵。"未至药山下,已闻药草香。2000多年前,秦越人就是在这里度过了无数个春秋。

为了采药方便,秦越人带着弟子们在药山住了下来。他一边采药炼

药圣坊

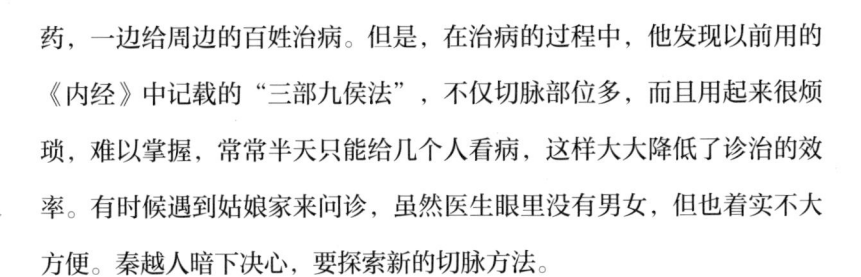

药,一边给周边的百姓治病。但是,在治病的过程中,他发现以前用的《内经》中记载的"三部九侯法",不仅切脉部位多,而且用起来很烦琐,难以掌握,常常半天只能给几个人看病,这样大大降低了诊治的效率。有时候遇到姑娘家来问诊,虽然医生眼里没有男女,但也着实不大方便。秦越人暗下决心,要探索新的切脉方法。

他在《内经》的《静脉别论》《脉法精微论》中发现,一个正常的人每一次呼气,脉气就要行走三寸,而每一次吸气,脉气也行走三寸,这一呼一吸称为"一息"。正常人一天一夜,脉气会绕全身循行50周次,最后脉气又会合在手太阴肺经寸口处。而手太阴的寸口是五脏六腑气血循环的起止点。既然这样的话,切脉的时候独取寸口就行了,体察寸口脉搏跳动的情况就可以了解病情。

秦越人大大地简化了中医脉诊的方法。在当时,他的方法招致世人的讥讽和不解。但是秦越人深信,自己把脉象的变化和人体五脏六腑的病理变化联系起来是正确的。

有一次,邻村有个病人前来求医,他四肢颤抖,疼痛不止,浑身直冒冷汗。秦越人观察了病人的气色、眼睛和舌苔后,伸手按住病人的寸口,然后闭目体会脉象的变化。接着,秦越人取出铁针,对准一个穴位刺去,再让病人喝一碗温开水。病人休息了片刻,恢复如初,精神大振。

秦越人揣摩古方,在行医过程中勇于研究新法,用切脉诊病的疗效越来越好。前来向他求医的病人络绎不绝,卢邑城也成了患者心中的希望之城。很快,卢邑城医生秦越人就闻名遐迩了。

早在秦越人生活的春秋战国之际,药山一带就是比较繁华的地方。

东北方向有泺邑,处在古济水和泺水的交汇处;南边有历邑(今济南千佛山附近)和鞍邑。如今名医秦越人在此采药,无形中更加大了这里的名气。

药山之巅原有一座药王庙,又叫"万寿堂",是世人为了祭祀秦越人等名医而建造的。庙宇宏伟壮观、古朴典雅,祭祀雷公、伊尹、秦越人、淳于意、张仲景、华佗、王叔和、皇甫谧、葛洪、孙思邈十大名医,塑像精致,栩栩如生。令人遗憾的是,20世纪30年代之后,药王庙

药山寺

扁鹊雕塑

历经风雨的侵蚀和战火的浩劫，最后被拆除，只留下断壁残垣。

2004年，人们在药山东麓新建了一座药山寺，掩映在青山绿树之中，倒也显得十分幽静。

在这里驻足，可见三三两两的游客进去参观进香。在药山寺西侧的登山路上，矗立着一尊扁鹊雕像。扁鹊雕像通体镀金，在夕阳的映照下熠熠生辉。

清朝乾隆年间，济南历城有一位有名的诗人，叫任弘远。他喜欢游历古迹。他来药山游览时遇到一位高姓道士，两人相谈甚欢。在分别之际，任弘远作了一首诗《赠药山高羽士》，以表分别之意。诗中写道："远避云深处，结第在九峰。春前锄芍药，雨后种芙蓉。元悟心常静，丹炉火自熔。不缘卖药出，人世哪能逢。"高羽士每天在幽静的药山道观里修真悟道，诗中颇有靖节先生"结庐在人境，而无车马喧"的意境。陶靖节在南山种的是菊花，高羽士种的是芍药和芙蓉。药山遍地都是药材，高羽士也就在此采药，然后拿到山下去卖，聊以为"稻粱谋"。倘若不是要下山卖药，两个人哪能相逢呢？

如今的药山，已然没有了清代春锄芍药、雨种芙蓉的美好意境，只有那草木成荫、怪石嶙峋的自然风物，向人们诉说着千百年前的悠悠往事。

第四章

制丹药母子得救

扁 鹊

秦越人在药山采药，又在鹊山炼丹。两座青山相去不远，隔河而望，留下了秦越人行医的足迹，成为今天我们抚今追昔、缅怀"神医"的好去处。

在历代文人墨客笔下流光溢彩的济南名胜"齐烟九点"中，其中一景便是鹊山。在黄河南岸，卧牛山、华不注山、凤凰山、标山、北马鞍山、药山、粟山和匡山八座山星罗棋布于泰岱北麓山前平原上，唯有鹊山在黄河北岸"遗世而独立"。

在唐宋年间，有一清波荡漾、浩渺无际的鹊山湖，镶嵌在鹊山的南边，距离济南府北大约有10千米。每至盛夏时节，湖上莲花盛开，清风徐来，风光颇为雅致。唐玄宗天宝七年（748），诗仙李白曾重游济南。他陪同济南太守泛舟湖上，写下了《陪从济南太守泛鹊山湖三首》，"湖阔数十里，湖光摇碧山"，湖水浩渺，水映山色，"遥看鹊山转，却似送人来"。

我们的祖国山河壮丽，每一地都有名动神州的大山，如山东的泰山、河南的嵩山、陕西的华山、安徽的黄山、湖南的衡山，无数小山的光华就被隐没在高山大丘的万丈光芒之下。济南的鹊山能够为世人所知

从黄河南侧遥望鹊山

晓，大概是因为元代文人赵孟頫的那幅《鹊华秋色图》。

赵孟頫生活在宋元易代之际。他是赵宋王朝的皇室后裔，但又"且将忠心报皇元"，以致遭到朝中的谗言。这样的政治出身和时代背景，给他造成了很大的精神困扰。1292年，他自请外任，逃离了京城那个是非之地，到济南出任同知济南路总管府事，为官3年。济南正是他外任生涯的第一站。

依山涌泉的美丽济南成了赵孟頫栖居心灵的圣地，长久以来抑郁的心情得以纾解。在济南期间，他的办公地点就在大明湖附近。他常常泛舟游湖，还游历过趵突泉、华不注山、鹊山等胜景，拥一城山色入怀。

赵孟頫解官回到家乡浙江吴兴后，会见了词人周密。周密祖籍山东济南，因为身在浙江，远离故土，心中也少不了思乡之情。如今看到好友从自己的故乡归来，更是勾起了绵绵的乡愁。于是，赵孟頫作了一幅《鹊华秋色图》，用自己看到的济南山水慰藉周密的怀乡之情。

鹊山与华不注山隔河相望，两山相距5.5千米。在《鹊华秋色图》的画面上，右边的华不注山似从平地骤然拔起，尖峭如削，直入青天，巍然屹立；而左边的鹊山则不同，它没有主峰，整个山体圆润而厚重，"削壁涵青"，与华不注山一峰凌云的气势比起来要谦逊得多。

两山之间有一鹊山湖。每当阴云之际，烟雾环绕两山，若有若无，营造出一种朦胧的意境美。两点青烟，搭配烟波浩渺的鹊山湖，与江南烟雨比起来，倒别有一番韵味。这幅《鹊华秋色图》感动了一代又一代人。人们将这两处山色合一，誉为"鹊华烟雨"。在文人骚客的笔下，华不注山似乎更受偏爱。不过，鹊山质朴无华，更有一种浑然天成之感。

扁鹊

济南的美景走进了赵孟頫的诗作里，也走进了他的画里。鹊山不高，与五岳相比，只能算作小有名气，而赵孟頫用他那神奇的画笔点染出了鹊山美丽质朴的自然风光。

台湾学者余光中先生曾经来到济南，由友人陪同去观赏黄河。在黄河岸边，他看见对岸隆起一脉山影，像是半浮在水面上的象背，不须陪同人介绍，就一眼认出了那脉山影就是鹊山，靠的就是赵孟頫的名画《鹊华秋色图》。

如果说赵孟頫用清润的墨色，晕染了济南的山景，那么2000多年前的一位民间医生，就孕育出了鹊山的文化底蕴。此人，就是秦越人。

鹊山之所以叫作鹊山，后人有着好几种美丽动人的说法。

有人说，是因为每年七八月间，就会有无数的乌鹊南来北往，把这

赵孟頫《鹊华秋色图》

里当作迁徙的必经之地。它们布满鹊山峰顶,尽情嬉戏,鹊山也就因此而得名。济南城的淑女村妇们,都会在七月七日这一天来到鹊山乞巧。

还有人说,鹊山得名,是源自扁鹊。扁鹊即秦越人。他曾经来到鹊山,陶醉于这里的美景,再加上这里离药山不远,于是就在这里炼丹制药,为老百姓治病。秦越人死后也葬在山脚下,山以人显,故名鹊山。只是不知道,在秦越人生活的年代,乌鹊是否会来鹊山落脚。

其实,鹊山原本不叫鹊山,而是叫"䧿山"。不过,"䧿山"既难写,也难读,久而久之,老百姓就把"䧿山"叫成了鹊山。济南人似乎更愿意相信,鹊山是跟那个悬壶济世的扁鹊有关系,而"䧿山"则是学者们的事。

鹊山虽与药山隔河相望,但是两山风致迥然不同。与药山九峰似

鹊山

莲不同的是，鹊山并没有主峰，从远处望去，就像一块巨大的翠屏立于地上，所以古人说："远望之若万垒云屏。"秦越人曾经在鹊山炼药，因此才有"翠屏丹灶"的美誉。明代，"翠屏丹灶"被列入"历下十六景"。

相传，2000多年前，秦越人带着弟子们游历到鹊山，正好鹊山周边爆发了瘟疫。人们一个个脸色苍白，呕吐腹泻，叫苦不迭。村里被瘟疫夺去了性命的人不计其数。染上瘟疫的人家，本来就够不幸的了，最后连亲友也不敢与他们往来，生怕被传染上瘟疫，可怜的病人们只能孤独地死去。病人们吃了不少草药，但都不太灵验，只能任凭瘟疫像恶魔一样横行。

药草

有些无德的乡村医生，早就携家逃命去了，哪里肯救这些瘟疫患者呢？常言道："名将不怕死，良医不避疫。"这是中华民族代代传承的高尚品德。秦越人行医至此，看到瘟疫肆虐，昔日生气勃勃的村落一片寥落的惨象。他毫不犹豫地奋力救治百姓。他和弟子们没日没夜地上山采药，下山煎药，分发给周围的老百姓服用，挽救了很多人的生命。当地百姓都感念秦越人的恩德，传称秦越人就是"活神仙"。后来秦越人在秦国被庸医所害，这里的人们听闻这一噩耗，无不失声痛哭。

老百姓原本就深受伤寒、瘟疫和蛇鼠之害，再加上缺少药材，一遇上疾病的爆发，就只能听天由命。很多人生病了。为了活命，他们就胡乱地吃一些草药，经常有人因误食毒药而死于非命。

秦越人看在眼里，急在心里。这次瘟疫大爆发，老百姓死伤无数，深深地触动了他的心。不如把采来的药草全部都加工成药丸、药粉、药膏之类的成药，行医出诊时随身携带，走到哪里，就把药舍到哪里，这样不就能帮助更多的人了吗？

秦越人把他的想法告诉了弟子们，弟子们都说这是一个好办法。

一天，他们师徒一行人在鹊山西凹偶然发现了一处山洞，那里树木蓊蓊郁郁，风景秀丽，仙气缥缈。秦越人师徒被这优美的自然风光和山上丰富的草药所吸引。秦越人思考良久，决定就在这里炼丹制药。于是，鹊山西凹这块吉地，升起了炼丹的炉灶，丹炉之火从此熊熊燃烧起来。

扁鹊研读医书

扁 鹊

鹊山是一处幽静之所，秦越人的家乡卢邑距此不足百里。秦越人带着弟子们在山脚下结庐为舍。他们白天采药，研读药典，钻研医理。到了晚上，如练的月光从夜空中倾泻下来，半个山上都是光洁的月光，他们便就着月亮的清辉炼丹制药。日出日落，暑去寒来，他们从来没有懈怠过。

明代诗人刘敕作《鹊山》诗曰："西北开青嶂，无峰山自奇。丹炉还历历，明月故迟迟。"时隔2000余年，早已物换星移。如今，透过"翠屏丹灶"的历史陈迹，我们依稀能够看见：秦越人端坐在炉灶前，拿着一把蒲扇扇动着火苗，看着淡青色的药液煮沸，慢慢凝结成药膏，在橘红色的火焰上冒着热气。他不时地往炉灶里添一把薪柴，用文火慢慢煎熬着。

秦越人尝试过很多种炼药的方法，有的制成了药膏，有的炼成了药丸。

春秋战国时期，齐国地区就有学习方术的传统。方士们纷纷设灶炼丹。他们认为，吃了炼制的丹药就能得道成仙，退其次也能延年益寿、长生不老。秦越人对那些方士用很珍贵的药材炼制的长生不老的灵丹妙药很不以为然。他炼丹并不是为了春颜永驻、长生不老，而是为了拯救受苦受难的老百姓。那时候，民间缺少药材，百姓饱受疾病

扁鹊像（扁鹊墓前所立）

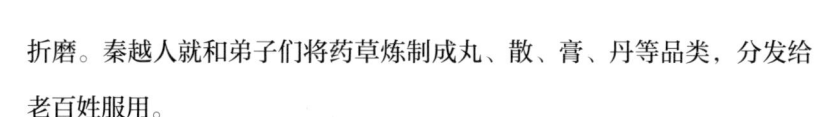

折磨。秦越人就和弟子们将药草炼制成丸、散、膏、丹等品类，分发给老百姓服用。

　　传说，有一个人得了重病，吃了好多药也不见好。他的家人听说秦越人医术高明，治好了不少疑难病症，就想带着他来碰碰运气。他们打听到，秦越人在鹊山一带行医炼药，就千里迢迢地前来求医。可是，还没到山前他们就迷了路，在此之前他们一连赶了好几天的路，现在已经疲惫不堪了。

　　恰巧一位老伯正挑着一担柴往家走，病人的家属就向老伯打听秦越人的住处。老伯指了指前方。病人的家属顺着老伯指的方向，看到山上冒着白烟的地方。附近的人都知道，有烟的地方就有"神医"的踪影。病人和他的家人听说"神医"就在前面的山上，顿时有了希望。他们往前走着。临近山下的时候，浓郁的药香扑鼻而来，病人忽然间感觉神清气爽，身体也舒适了不少。据说，鹊山脚下的人家闻着药香能够百病不生。后代的人们为了纪念秦越人，在他炼丹的地方建造了一座"扁鹊祠"。

　　秦越人总是把病人当作自己的亲人和朋友，不仅给他们治病，还会不辞劳苦地给病人送药。有一次，秦越人带着子舆，要到山下几里外的一户病人家里送药。途中经过一个村庄，远远地就看到街道上挤满了送葬的人，一阵阵哭声和锣号声由远而近。等他们走近了，一打听才知道，一个年轻的妇人因难产而死了。

　　中国人自古讲究"人死为大"。按照当地的习俗，凡是灵柩抬过的地方，人们不管在干什么，都要停下来向死者行注目礼，以表示对死者的尊重。秦越人和子舆站在路边，神情肃穆，看着送葬的队伍缓缓走来。

只见一队人穿着丧服，头上缠着白绫，抬着一口用粗糙的薄木板打造的棺材，伴随着沉痛的哀乐声，向他们走来。

左邻右舍都出来为这个可怜的女人送行。家属们呼天抢地的哭声，惹得路两旁围观的人们也跟着默默拭泪。

秦越人听着周围的人们发出一片惋惜声，也深感痛心，毕竟一个孕妇还没生下孩子就死了，这怎么不令人难过？

棺材走过之处，留下哩哩啦啦的一串血迹。秦越人看后顿时大惊，再看棺材，从角上又滴下几滴血来。

秦越人忙跑过去，子舆看见师傅冲了出去，也跟着跑过去。秦越人蹲下去，用手沾了点血，用大拇指和食指捻了捻，又凑近鼻尖闻了闻。这血还是新鲜的，说明棺材里的人一定还活着。他用惊诧的眼神看向子舆，示意他也闻一闻。子舆闻了闻，也大吃一惊：棺材里装的的确是活人。自古人死了才能入棺，他们怎么敢明目张胆地把一个大活人装进棺材里呢？这不是胡闹吗？

秦越人赶紧冲到出殡队伍的最前面拦下他们。众人都愣住了，你看看我，我看看你，哭丧声也停了下来。"人死为大"，死者的家属都气愤不已，说不知道秦越人是从哪里跑来的疯子，拿死去的人寻开心，要派人驱赶他。

子舆一看送葬的家属气势汹汹的，怕闹出什么乱子，就把老师往后拽。毕竟棺材一旦抬起来了，是不能放下的。这是从古时候就传下来的礼俗。秦越人何尝不知道这一礼俗呢，可是人命关天，他也顾不上那么多了。他见没人相信他，就跟主事的人反复地解释，棺材里的孕妇并没有死，她只是难产昏厥，还有救治的希望。他还特地拿出随身携带的药箱，证明自己是个医生。管事的人一时也拿不定主意。

众人再看秦越人认真严肃的神色，开始犹豫起来。孕妇的丈夫也不敢相信，他亲眼看见妻子因难产而死，这难道还有假吗？既然死了就应该早点让她入土为安啊！管事的人最终决定"恩威并施"，让秦越人试一试，但也放出狠话，他要是治不好病人，就别想离开这里。

丈夫让众人放下棺材，打开棺盖。人们赶紧把孕妇抬出棺材。秦越人忙上前给孕妇号脉，从脉象上看，她脉虚而弱，应该是精神紧张，导致骨盆难开，持续阵痛引起了窒息。

他打开针包，取出一根银针，对准孕妇的穴位，一针下去，只见孕妇身子动了动，发出了微弱的喘息声。众人还以为是诈尸，吓得连忙往后退。渐渐地，孕妇苏醒过来，眼睛也睁开了，又咳嗽了几声。她看到身边围着一大群人，神情凝重而紧张，又看到丈夫焦急而关切的眼神，便喃喃地呻吟着，气息微弱。

丈夫见妻子活过来了，激动地抓着妻子的手，喜极而泣。他转过身来给秦越人跪下，连磕三个响头，一边磕头，一边喊着"神医"，还给秦越人塞了很多钱，感谢他的救命之恩。秦越人分文不取。这是他行医以来一贯坚持的原则。治病救人是医生的本分。给穷人看病，他经常免费给他们治疗，还会赠送一些药草。他看这家人衣着简陋，连棺材板都是最薄的那种，生活一定很贫苦。秦越人行医时的点滴仁心，成就了他在医界的崇高地位。

这时，孕妇因为剧烈的阵痛，痛苦地喊叫起来。秦越人一看，知道孕妇快要生了，就吩咐那几个抬棺材的壮汉赶紧把她抬到背风处，又嘱咐孕妇的家人准备好热水和剪刀，做好产前准备。产妇临盆难产急如星火，性命攸关，秦越人没有多想就要跟过去接生，结果被她的家属拦下。当时都是接生婆给妇女接生，还从来没有听过有男医生当接生婆的。尤其是在这鄙陋的乡野之地，男医生接生更是闻所未闻。产妇的家人将秦越人挡在外面，哪里管他"医生只管病人，不分男女"的说辞呢！

产妇的情况已经万分危急，正好围观的人群里有一位接生婆，就自告奋勇给产妇接生。秦越人知道，其实这些接生婆根本不大懂医学，她们不过都是当地有过生育经验、手脚又麻利的妇女。这个产妇先前已经晕死过一次了，这次接生婆未必能帮她顺利分娩。要是再出现意外，产妇就是"真死"了。到那个时候，就是神仙也救不了她。

果不其然，没过多久，接生婆就慌里慌张地跑过来，颤抖着手，大喊："不好了，不好了！"产妇的丈夫听闻妻儿又到了鬼门关，顿时两条腿发软，几乎要瘫倒在地上。妻子好不容易经历了"死而复生"，现在总不能看着她再"活而复死"。在这种情况之下，哪里还顾得上男女有别呢？丈夫哭求秦越人，一定要发发善心，救救自己可怜的妻子。众人都替产妇捏着一把汗。

秦越人过去以后，看到产妇的衣服已经被羊水和鲜血染透了。他蹲下身，一边给产妇进行腹部按摩，一边耐心引导、安抚产妇。过了好一会儿，见产妇的紧张情绪慢慢缓和下来，秦越人从针包里取出一根针，对准产妇的穴位扎下去。孕妇"啊"的一声，身体一用力，一个男婴就随声坠地。

接生婆眼疾手快，拿起剪刀，剪断脐带，轻轻地拍了几下婴孩的屁股。奇怪的事情发生了：孩子大张着嘴巴，可怎么没有声音？

秦越人接过来，右手抓住男婴的双脚，头朝下倒提起来，在男婴的后背上轻轻地拍了几下。男婴便"哇哇"地哭了起来，声音洪亮极了。原来，产妇羊水破得早，婴儿闷得久，所以窒息了。将他头朝下拍背，就是激活他的五脏功能，打通他的呼吸道。

经过一天的折腾，产妇已经筋疲力尽了，可听到孩子的哭声，还是激动地哭了起来。人们听到孩子的哭声，悬着的心才放了下来。他们都交口称赞秦越人果然是"神医"。

孩子刚生下来，产妇又出现了头晕眼花、胸口憋闷的症状。秦越人判断这是产后血晕。正好他和弟子们先前在鹊山炼药，把半夏等草药捣碎了筛成散药，然后团成大豆一样大小的药丸，随时带在身上以抢救危急病人，如今正好派上用场。秦越人吩咐子舆拿出两颗来纳入产妇的鼻

鹊山一角

扁鹊

孔中，很快产妇的症状就减轻了。

妥善安排好产妇后，秦越人拿起药箱准备离开。产妇的丈夫怎么也不让他走，非要留他吃饭，以表谢意。秦越人辞谢告别。

秦越人在此炼丹，引得后世众多文人纷至沓来，重走秦越人炼丹的遗迹，追思这位伟大的民间医生。

如今的鹊山就像诗人说的那样——"荒山有旧祠"。过去，鹊山西麓有寺院，宋代叫鹊山院，又叫"长桑院"。"唐宋八大家"之一的曾巩，在任济南知州不到2年的时间里，就被济南的湖光山色深深地吸引了。鹊山在他的诗篇里留下了美丽的倩影。他常到鹊山院游玩，曾写道："灵药已从清露得，平湖常泛宿云迥。"

宋绍圣二年（1095）七月，陈师道被任命为山东惠民的教授。他喜爱登山，48岁来山东时，登上鹊山，赋诗咏怀："小试登山脚，今年不

鹊山南村扁鹊、孔子和二十四孝雕像群

狮耳山

用扶。微微交济泺，历历数青徐。朴俗犹虞力，安流尚禹谟。终年聊一快，吾病失医卢。"他感叹自己年衰体弱、七病八痛，因为贫穷得不到卢医的医治。

清康熙二十七年（1688）三月，清人王士禛从北京回家，路过济南的时候，作诗追思秦越人："今此鹊山无乃是，越人陈迹谁追攀？"

鹊山脚下坐落着五个村落：鹊山村、鹊山东村、鹊山西村、鹊山南村、鹊山北村。它们的名字都与鹊山有关。在鹊山南村的一间农舍前，矗立着秦越人的石像：他右手拄拐杖，左手背在身后，腰间挂着一个大葫芦。鹊山旧景犹在，"烟雨重重掩，屏风叠叠奇"，炼丹陈迹亦可寻。看着秦越人腰间挂的大葫芦，不禁遥思："九炼丹成否？"

在行医过程中，秦越人发现山东地区流行一种怪病：很多人咳嗽不止，面黄肌瘦，严重的卧床不起，最后咳血而死。目睹这样的惨状，秦越人感到十分痛心。为了治愈这一疾病，他上下求索，苦心探寻着能够为人们补血益气、解除病患的灵药。

后来，秦越人听说狮耳山（位于今山东济南平阴）一带百草丰茂，就带着弟子们前往。临近山下，果然草木欣荣、古树参天。狮耳山250米高，半山腰生长着蓍草、枸杞、北沙参、益母草、野菊花、地黄、天门冬、白薇、远志、当归等数百种药草，是一座天然的药材宝库。

山间泉水潺潺，风掠林梢。济南城以多泉而闻名于世。在它的西南地带，也有众多泉眼涌出，有墨池泉、狼泉、白雁泉、拔箭泉、丁泉、长沟泉，还有跻身"七十二名泉"的洪范池、书院泉和扈泉，九泉汇聚，形成了浪溪。浪溪水甘甜清冽，饮之满口溢芳。正是这条河用她甘甜的浆液，滋养了老东阿城。

当地很多农家在山上散养驴子。驴子在山间悠闲地散步，饿了食青草，渴了饮浪溪之水。因此这里的驴皮品质上乘。秦越人决定在此地"治胶"，就是"造驴皮胶"。这里的黑驴康健肥壮，毛色乌亮，皮质优厚，很适宜熬胶。驴皮胶的用处可大着呢，男人吃了可补阴气不和，女子吃了有助于治疗血枯的毛病。

他们在狮耳山下支好炉灶，把驴皮放入锅里，加上甘草等药草，用桑木枝生火，一连熬煮了七七四十九天，直到锅底有一层亮晶晶、黑莹莹的胶层为止。驴皮胶色黑如莹漆，略透光如琥珀。在山东省济南市平阴县的东阿镇，至今流传着这样一首民谣："小黑驴，白肚皮，粉鼻子、粉眼、粉蹄子，狮耳山上去啃草，浪溪河里来饮水，城里大桥遛三遭，少岱山上去打滚，至冬宰杀取了皮，熬胶还得阴阳水。"

秦越人和弟子们用精心熬制的驴皮胶给很多血亏的病人治病，驴皮胶也名声大震，发展到现在成为赫赫有名的阿胶。秦越人师徒到赵国给女子治疗带下病的时候，就多亏了阿胶的功效。因为有如此神奇的功效，阿胶与人参、鹿茸并称为"中药三宝"。

第五章

医晋侯驱除瘟疫

扁鹊

春秋战国时期盛行游学。俗话说："读万卷书，行万里路。"这是做学问的大道。秦越人也不例外。秦越人穿梭于药山、鹊山之间，一边采药炼丹，一边为百姓治病，逐渐成长为一个医德高尚、医术扎实的民间医者。他决定带着弟子们云游列国、博求医方、改善医术、由此开启了长达数十年的游医生涯。第一站是晋国。在启程之前，秦越人还不知道，他在故乡靠扎针切脉治病救人的事迹早已像风一样传到了晋国。

他们跨过黄河，一路舟车劳顿，终于来到了晋国。当时，晋国主政的是大夫赵简子。本来，一个诸侯国里，大事小情都应该由国君说了算。在春秋后期的晋国，晋昭公当政的时候，国君和公族的力量相对弱小，相反，大夫们的势力却日益膨胀，开始挤压并威胁到公室的权力。晋昭公大权旁落，虽然他仍然是晋国名义上的君王，但是权力早已被下面的大夫们瓜分了。

公元前497年，大夫赵简子开始执掌权柄，掌管了晋国的政权和军权。赵简子是何许人也？他就是名垂青史的"赵氏孤儿"赵武的孙子，也是后来的"战国七雄"之一赵国的奠基人。

赵卿鸟尊（现藏于山西博物院）

为了国家，赵简子到了殚精竭虑的地步，常年的劳累已经耗尽了他的心血。家人都劝他要以身体为重，可是赵简子却不肯放权。正当权势如日中天的时候，赵简子却突然病倒了。

赵简子一倒下去，晋国内政就乱了。

赵简子的家臣董安于紧急招来来自全国各地的太医为这位执政者诊病。他们轮番上阵，可竟然都诊断不出赵简子的病症来，都悲观地说相国的病恐怕是医好无望了。赵相的女眷们心顿时凉了半截，哭作一团。

宫里的太医们深谙明哲保身之道，先把赵相的病说得严重一点。等到赵相真死了，他们也不会被怪罪。不过，他们还是尝试着开了药方，给赵简子用药。赵简子的病不但毫无起色，反而神志不清，昏迷不醒。就连晋国国内颇有些名气的巫医们，也都挨个被请了一遍。他们来了不过就是升坛祭天，祈祷上天保佑，对赵简子的病没有什么帮助。

赵简子病情已经十分严重，家人和属下日夜守着他，希望能有奇迹发生。看着赵简子日渐消瘦，就像一盏油灯慢慢干枯下去。家人急得没了主意，大臣们也都一筹莫展。

在赵简子昏迷的第五天，董安于突然想起来，他前段时间听闻国内来了一位齐国的医生，叫秦越人，给很多老百姓治好了病，名声很大。不妨把他请来为赵简子诊病，索性"死马当作活马医"。一听这话，夫人黯然无神的泪眼顿时亮了起来，隐约中觉得赵简子的病有希望治愈。公子无恤的心里也闪过一线希冀，立即吩咐董安于把秦越人找来给父亲治病。满朝上下也都把秦越人当作最后一根稻草，牢牢抓在手里。

董安于派出很多使者分头到民间去寻找秦越人，终于在一个村子里找到了秦越人。使者向秦越人简单描述了赵简子的病情，秦越人听后心里大体有数了。秦越人交代了弟子几句，就带着子仪、子舆、子阳前往赵相府。

这是他们第一次给权贵治病。弟子们跟着老师学医多年，见识了各种疑难杂症，也诊治过各色病人。可如今要给位高权重的赵相看病，弟子们十分忐忑。他们心里都清楚，给权贵治病，治好了功成名就，皆大欢喜，但稍有差池，很有可能连命都得搭进去。他们上了董安于安排的马车，一路颠簸更加剧了弟子们的惊慌。

对于弟子们的担忧，秦越人心如明镜。只是，他行医治病从来都是以病人为要，没有把自身的安危放在心上。再说，他现在连病人都还没见到，只想着怎么救治，哪能拒绝呢？秦国相国吕不韦编撰的《吕氏春秋》里说过，"医治病不畏死"，就是说医生为病人治病时，要一切以病人为重。在计功谋利的战国时期，在自身安危毫无保障的前提下，首先想到病人，这就是秦越人的仁心啊！病人可以选择医生，这是病人的权利；可是，医生却不能拒绝病人，这是医生的人道。

在颠簸的马车里，师徒几人开始根据使者的描述，探讨起赵简子的病情来。这是秦越人教学的一大特色。他训练弟子们要学会根据症状揣摩、诊断病情，因为一种症状可能对应几种疾病，而几种疾病也可能表现为一种症状。这样的教学很好地锻炼了弟子们的思辨能力。只是这一次，他们不敢掉以轻心。一来是因为赵简子身为权贵，权势遮天；二来是因为病情蹊跷。听说赵相已经昏迷5天了，还有救过来的希望吗？他们每一个人都在心里打了一个问号。秦越人也知道，一个人的病情是千变万化的，只有看过病人，结合望色、询问、切脉之后才敢下结论。

子舆的脸上倒是看不出担忧，反而还有一丝掩饰不住的期待。他觉得自从老师行医以来，都是给老百姓治病，这是第一次给权贵诊治，要是给赵相治好了病，老师就能名扬四海了，自己作为他的弟子也能跟着沾光。

秦越人似乎看出了子舆的心思，姜殳身败名裂的事一下子涌入脑海。他在车上给弟子们讲起了姜殳的遭遇，告诫弟子们业医之人必须心无杂念，倘若汲汲钻营，唯名是求，那就是害了病人，也害了自己。子舆心领神会，羞愧地低下了头。秦越人短短几句话，有如春风化雨，润物无声。从此以后，子舆牢记老师的话，在医术上兢兢业业，严格要求自己，后来也成了一位名医。

扁鹊像（陈嘉谟《图像本草蒙筌》）

马车到了相府门口，公子无恤早已吩咐过门外值守的卫士，秦越人一到，不必通报，直接将其引入。

秦越人快步走进卧室，靠近赵简子的病榻，仔细观察了他的脸色，又俯下身子细听他的呼吸声，最后拉出病人的左手，用三根手指给他切了脉。秦越人眉头紧锁，沉思良久：脉象虽然虚弱，还好不是死脉。

秦越人又向赵简子的家臣和家属们询问了发病过程和起居习惯，了解到晋国现在政治斗争非常激烈，再加上刚才的脉象，心里大概明白了几分。秦越人猜想赵简子只是思虑过度导致气血不畅。

家臣董安于站在一旁，仔细观察着秦越人的一举一动，连他脸上的细微表情都不放过。见秦越人又是切脉，又是察看，董安于以为赵简子一定是得了什么绝症，焦急地询问赵简子的病情。

秦越人将赵简子的病情告知后，董安于悬着的心才稍稍放了下来。

当董安于问赵简子何时能苏醒过来时，秦越人说，不超过3天。秦越人向众人解释了赵简子的病只是由于平时劳累过度引起血液循环不畅，才导致暂时昏迷的。众人都如释重负。扎针、服药……

到了第三天上午，赵简子依然状如死人。公子无恤等得越来越没耐心，烦躁不安的情绪开始爬上他的眉梢。秦越人信誓旦旦地说，赵相3天之内必能苏醒过来。可如今赵相还是没有一点好转的迹象。公子无恤心里对这个所谓的"神医"嗤之以鼻。他在大殿里来回地踱着步，甚至有些气急败坏。

家臣们看出了公子无恤的意思，纷纷指责起秦越人来。这个说"这个医生信口开河，白白耽误了相国3天时间"，那个说"我看这个秦越人徒有虚名"。一时之间，治病救人的秦越人倒成了众矢之的，指责声像潮水一样涌来。公子无恤的耐心耗到了极点，他发誓今天非得撕开秦越人假神医的面具，就吩咐仆人把秦越人叫来。

仆人正要退下，就听见赵简子"咳咳"咳嗽了两声，终于苏醒过来了，时间跟秦越人估算的丝毫不差。

在场的人听了都激动得泪如泉涌。公子无恤一下子扑到赵简子身上，喜中带泪，眼睛一眨不眨地看着父亲，生怕父亲再昏睡过去。众人此时纷纷说："秦先生真是神医啊！""是啊，是啊，秦越人果然有起死回生之术啊！"

秦越人通过切脉就能精确地诊断出病人的病情，其精湛的医术在晋国引起了不小的轰动。经过秦越人一个月的悉心调理，赵简子康复如初，举国欢庆。家臣们向赵简子转述了齐国名医秦越人救治他的过程，赵简子对救命恩人充满了感激之情，对他的高超医术钦佩不已。赵简子派人把秦越人请到相府。秦越人两次来到赵相府邸,心情大不相同。第一次来,前途未卜;第二次来,赵简子待他如上宾。秦越人昂首阔步走上殿来,赵相早已命人摆好了盛宴。

扁鹊医赵简子

等到秦越人落座后,赵简子端起酒杯,恭敬地来到秦越人面前,躬身向他施礼,用一杯水酒表达对他的感激和敬重。秦越人从不自矜其功,也赶紧端起酒杯还礼。秦越人的平常之心让赵简子钦佩不已。秦越人的医术无人能及,为人又如此谦逊,实在是难得。赵简子想要聘请秦越人留在他的府上,成为一名专为权贵服务的官医。

天下士人逐日奔走,求售于公卿贵族之门,不就是为了这一天吗?赵简子的邀请让秦越人百感交集。这么多年在外行医,风餐露宿,饥一顿饱一顿的日子居多,但是秦越人始终意志坚定。自打行医那天起,秦越人就立誓以悬壶济世为自己的终生目标。天下为疾病所困的百姓实在太多了,他怎能留在这里独享安逸呢?

秦越人婉言谢绝赵相的邀请。赵简子心中颇为不悦。赵简子心想:"成为官医是很多人梦寐以求的事情。当了官医就能享受荣华富贵。我现在是晋国的执政,门下不说贤士万千,也是宾客如云。多少文士武将想巴结我。偏偏这个秦越人不把当官当回事!"

看秦越人心意已决,赵简子颇感遗憾,只好作罢,并以礼相送。为

扁鹊

了报答秦越人的救命之恩,赵简子下令把蓬山(今内丘鹊山,在河北邢台境内)一带4万亩的土地封赏给了秦越人。蓬山一带山脉连绵不断,盛产药材,直到今天这里仍有将近900种药草,是一座药材的宝库。自古宝剑赠英雄,红粉赠佳人。以"药"山馈赠良医,倒也算是投其所好了。

秦越人连忙起身告辞,背上药箱离开了赵相府,向着茫茫的暮色中走去。秦越人和弟子们在蓬山寓居了几年,蓬山成为他的第二故乡。他带着弟子们上蓬山采药,入乡诊疾,帮助很多老百姓解除了病痛。

传说,有一天,秦越人出诊,穿过蓬山时迷了路。正好一棵酸枣树就在旁边,他就对酸枣树说:"你要是能给我指路,我回来以后封你为酸枣树王。"话音刚落,一条清晰的小路果然显露了出来。可惜的是,秦越人死后,这棵树就渐渐枯萎了。人们都说,这棵酸枣树有灵性,是在为秦越人送行。

后来,宋仁宗封秦越人为"神应王",这棵酸枣树也就跟着有了封号。也许因为秦越人是"神医",这棵酸枣树也有了"神性",它的果实酸枣仁能够入药。从此,内丘一带出产的酸枣仁对神经衰弱、失眠、盗汗具有绝好的治疗效果,享有"内丘枣仁甲天下"的美誉。

秦越人治好了晋国大夫赵简子的重病,声名鹊起,其医者形象也愈来愈深入人心。传说,在远古时期,黄帝有一只神鸟,名字叫作"扁鹊",专门用尖尖的鸟喙给人针灸,无论谁生了再重的病,只要被它啄一下,就能恢复如初。这种神鸟谁也没见过到底长什么样子,谁也说不准确。人们纷纷说:"秦越人医术高超,不就像是那只神奇的'扁鹊'吗?"于是,"扁鹊"就成了秦越人的外号,他的真实姓名秦越人反倒没有人叫了。

山东微山县两城出土汉画像石《针灸图》

　　在今天的蓬山一带，沿着崎岖的山路蜿蜒上行，经过几处村落，就是神头村。村子四面环山，中间有个缺口，走进去便见九龙河自上而下地流淌，水上架着一座小桥。再往里走，就是鹊王庙了。

　　蓬山盛产药材，秦越人经常带着弟子们扎进深山寻觅良药。可是，他们住在河的北岸，河上原本是没有桥的，每天过河上山采药，吃尽了苦头。方圆百里的百姓都知道蓬山有个名医，大家都慕名而来。他们看到秦越人每天都要背着篓子蹚水过河，就在河上为他架起一座小桥。蓬山没有路，秦越人用汗水蹚出一条路。当地的百姓感念他的恩德仁心，就自发地为他开辟了一条上山的路。

　　有一年，蓬山一带夏季连月未见滴雨，遭遇大旱，千里沃野旱成了焦土，庄稼颗粒无收，河水干涸断流。人们吃光了草根、树皮，仍阻挡不住干旱的肆虐和死神的脚步。一时之间，瘟疫的魔影笼罩着内丘。

　　感染瘟疫的老百姓，一开始没有明显的症状，过几天就开始冷热交替，浑身酸痛，呕吐不止。老百姓病死无数，饿殍遍野。整个县城陷入一片恐慌。为了防止传染，人们只好将死去的亲人的尸体抬到野地里草草掩埋了事。这一切秦越人看在眼里，痛在心里。如果不加以控制，任瘟疫蔓延，后果将不堪设想。他和弟子们日夜不停地到蓬山上采药，然后背着药材下山熬药，再到各个村子散发给老百姓服用。

一连忙了三天三夜，不眠不休。很多病人吃了药已经没有大碍，但是还有一部分百姓仍然被疾病折磨。就是多长出两条腿，秦越人他们也忙不过来。眼看着那么多百姓因为得不到救治而一命归西，秦越人心里急得就像着了火一样。

忽然秦越人想到一个办法，他让子阳、子豹到蓬山去采药，子仪和子容留下来协助他熬药、分药，其他人就到各地去把患病的百姓召集到桥上来喝药。这样省去了在路上的时间，就能熬制更多的药，救治更多的人了。弟子们迅速行动起来。

不多时，很多感染瘟疫的百姓互相搀扶着来到桥上。秦越人吩咐弟子们将熬好的药分发给患者，让他们趁热饮下。越来越多的病患来到这里，等着喝秦越人熬的药汤。病患们不但要忍受病痛的折磨，还要忍受头顶上烈日的炽晒，有的就算不被病魔击倒，也有可能中暑。秦越人不忍心老百姓们受更多的苦，就让几个弟子在桥头搭了一间草棚。秦越人还让自己的弟子在山下村子里各处都洒上药汤，以控制瘟疫的蔓延。这些药汤饱蘸着秦越人师徒的仁心和大爱。

第二天清晨，患者们扶老携幼地来到桥头，秦越人看他们的脸色比昨天好了很多。他亲自将煎好的药端给病人服用，并挨个询问患者的病情。附近的百姓被他的善行打动，不约而同地过来帮助他切药、端药。

老百姓都说，秦越人是上天派来的"神医"，是来拯救老百姓的。他门前的那座桥是"回生桥"，病了只要在桥上走一走，就能痊愈，像枯木发荣一般神奇。其实，秦越人哪有什么起死回生的神仙术法，他有的只是关爱民众的赤子仁心。

炽热的太阳坠入山脉，山下的人家升起了袅袅炊烟。秦越人在给最后一位病人诊治完后，随便吃了几口饭，伸了一下懒腰，就躺下休息了。不知过了多久，恍惚间，他似乎听见山后有什么响动，赶紧支起身子，寻声听去。后山上好像有个女人在哭，声音弱弱的，时断时续，那哀戚的声音在寂静的夜晚显得尤为凄凉。

秦越人没忍心叫醒弟子们，自己披上褂子来到屋后。他使劲儿向后山看去，但什么也没看到。听起来女人的"嘤嘤"声就是从那里传来的，可是再仔细一听，哭声似乎又消失了。接连几个晚上都是如此。

秦越人跟周围的乡亲们一打听才知道，原来是后山村里一户田姓人家的媳妇在哭。她是个可怜的女人，接连生下九个孩子，可是孩子们都得了"咕噜风"而夭折了。孩子们接连夭折，让她陷入了巨大的精神折磨之中。她丈夫也心痛得捶胸顿足，直说自己家风水不好！一家人原本过得和和美美的，转眼就破败不堪了。

按照当地的风俗，不出百日的孩子夭折后是不能埋葬的，只能扔到山上，任由野狼叼去。田家媳妇因为日夜思念自己死去的孩子，每到晚上就到扔孩子的地方，抱着死去的孩子嘤嘤啜泣。

秦越人让弟子们到周边村子里走访，才发现这里的婴孩得"咕噜风"夭折的竟不在少数。母亲怀胎十月生下孩子，多么不容易，如今却因为"咕噜风"眼看着自己的孩子夭折，这是多么残忍的事情啊！秦越人和他的弟子们决心帮助母亲们。他们日夜探索，最终研究出治疗"咕噜风"的方法，帮助很多孩子治好了病。

扁　鹊

有一天，田家媳妇又生下第十个孩子，她的丈夫特地请秦越人前去诊治，预防孩子得"咕噜风"。秦越人让孩子家人用清水煮一块布，放凉后蘸上香油擦拭婴儿的口、鼻、眼、耳，又将一团棉花烧成了灰，将灰烬涂抹在肚脐眼上，防止肚脐发炎。然后又把蝎子、蜈蚣焙干碾成粉末，让田家媳妇喂奶时抹在乳头上，让孩子连同乳汁一起吃下，排出肠胃里的毒气。（本医方来自古医书，若有类似病情，具体治疗方法请遵医嘱。）就这样，田家的第十个孩子终于保住了性命。

这个方法简单实用，周边村子的人都学会了。从那以后，再也没有婴孩因为"咕噜风"而夭折了。

为了感念扁鹊的恩德，在内丘蓬山一带，人们建立了很多纪念扁鹊的庙宇。历经千年，这些宇仍在诉说着秦越人的仁心。

人们为了纪念秦越人的活人之术，就将蓬山一座最高的山改名为"鹊山"。这样，在秦越人的家乡山东济南，有一座"鹊山"，在他的第二故乡蓬山，也有一座"鹊山"，南北呼应。扁鹊对病人的关切是无微不至的，人们对扁鹊的尊敬和爱戴是永世不变的。

第六章

虢太子起死回生

扁鹊

在扁鹊生活的年代，齐、秦、楚是争霸大国，夹在它们中间的鲁、宋、卫等小国无不艰难地生存着。秦越人和他的弟子们的足迹几乎遍布黄河流域沿岸国家。

宋国地处晋、吴、齐、楚的交通要道，都城在睢阳，也就是今天的河南商丘。它的疆域最大的时候包括山东西南部、河南东北部、安徽北部和江苏西北部。宋国虽然只是个小国，但在四海之内，却是第一等诸侯国。

秦越人带着弟子们来到宋国住下，并为宋国的百姓治病。他们来到宋国没多久，就遇到了极大的阻力。宋国很保守，巫医的势力非常强大。秦越人却像一个"愣头青"，要跟当地根深蒂固的巫医作斗争，斥责巫术是害人的把戏。结果可想而知，他们遭到了巫医们的强烈排挤。

更要命的是，他们得罪了宋国的国君。在当时，医生的地位非常低下，医生在行医时无不战战兢兢。宋国对他们来说，已是危机四伏。秦越人懂得"留得青山在，不怕没柴烧"的道理，知道在宋国无论如何也待不下去了，只能领着弟子们仓皇出逃。

一路的颠沛流离时刻考验着每一个人，弟子们开始动摇了，怀疑追随老师游医的意义。他们尽心尽力地治病救人，不但得不到人们的理解，还给自己招来祸事。

他们一连奔波了十几天。秦越人那密而深的额头纹理，难以掩盖这么多天的疲惫，但他瘦削的面庞却折射着坚毅与执着。秦越人面无忧色，眼神十分笃定。秦越人跟弟子们讲起了鲁国孔丘的故事来。逃亡并没有什么丢人的。如果是为了医者大道，那又有什么可怕的？春秋时期的孔丘周游列国的时候，也是历经坎坷。也许是历史的巧合，孔子和秦越人都在宋国遭遇险境，孔子还差点丢了性命。当年孔子带着一众弟子，从卫国到了曹国、宋国和陈国，那狼狈的样子"累累若丧家之犬"。此时的秦越人师徒颇有"同是天涯沦落人"之感。

秦越人知道医术无边、医海无涯的道理。在大千世界里，他们学到的知识只不过是沧海一粟。作为医者，应该孜孜以求，探索良方。他希望弟子们能够不骄不躁，以"无知"的胸怀毕生探求。他之所以带着弟子们游医列国，就是要从古人留下来的秘传医方里走出来，到大千世界里跟老百姓学习。民间是个巨大的宝库。在游医的过程中，他们拓展了自己的视野，搜集了很多宝贵的古药、古方，遇到了很多珍奇的医学案例。

秦越人师徒在宋国出师不利，来到卫国更是不顺利。先秦时期的卫国，大体上包括今天的河南北部和河北、山东的部分地区。出外游医不是一件容易的事。要想在一个陌生的环境里立足，就必须尽快让人们认可自己的医术。但是，与游方医生比起来，当地人更愿意相信本地医生。这就给秦越人师徒行医制造了不少困难。

怎么办？秦越人告诫弟子，不要等着病人找上门来，无论多么偏僻，路多么难走，都要主动上门去给病人诊治。

有一天，秦越人和弟子们行医经过一条狭窄的小巷子。他们远远地看到一大群人将小巷子围得水泄不通，隐隐约约还听到了杂乱的哭喊声。

子阳搀扶着老师挤进去。原来是一个少年连日来高烧不退，脸颊通红、额头滚烫，还不时地说些胡话，病得快不行了。他的父母已经差人去请医生了，得过一会儿才能到。

秦越人发现少年已经出现了身体抽搐的症状，情况十分危急。对于重症患者来说，时间就是生命。秦越人伸出三根手指给少年切脉，诊断出少年虽然耽误了治疗，但是还有救活的希望。

他转头吩咐子阳打开针包，子阳取出针来，递给老师。秦越人正要给少年扎针，没想到却被少年的父亲一把推开。原来，少年的父亲根本不相信秦越人。他说已经给儿子请了一位良医，医生很快就会来家诊治。围观的乡邻不明就里，也都跟着推波助澜。秦越人一再地对少年的父亲解释，孩子病得很严重，再拖延下去就会有生命危险。但是，孩子的父亲铁了心不让秦越人碰自己的孩子。没容秦越人多说什么，村民们就将他们师徒赶了出去。

秦越人是个虚心向学的人，他想："山外有山，医海无涯。不知道他们请的是何方神医。如果真有济世良术，那我一定要拜他为师，虚心地向他请教。"想到这里，他不由得对这个人人称赞的良医充满了期待。

大约过了两个时辰，"良医"终于姗姗而来。原来不是什么药到病除的杏林高手，而是一位巫医。

据说，这位巫医赫赫有名，当地人都尊称他为"灵巫"。只见"灵巫"熟练地摆放着各种祭品，然后像疯子一般又唱又跳，神神道道地念着旁人根本听不懂的咒语，一会儿转着圈摇摇摆摆，一会儿嘴里嘀嘀咕咕。

少年的父母虔诚地磕着头，把头都磕破了。门外看热闹的善男信女们也都伸长了脖子，等着奇迹的发生。他们似乎都很相信，要是少年病好了，就是神仙保佑；要是治不好，那也是命中注定的事。

扁鹊画像（采自《商都邢台》）

靠玄乎其玄的做法就能救命，这不是无稽之谈吗？秦越人看在眼里，也只能急在心里。他虽然是位医生，但是也没有更好的办法让老百姓放弃巫术转而相信医术。

看着灵巫跳大神，子越急得像热锅上的蚂蚁。再这么胡闹下去，这位可怜的少年就没命了。秦越人知道性命攸关，他不能再等下去了，走上前去阻止这场滑稽的闹剧。他厉声斥责灵巫不懂医术，却打着神术的幌子坑骗病人，治活了就名利双收，治死了算是病重难医，不知道有多少无辜的病人死在巫医们的手里。灵巫见有人质疑自己的权威，眼神开始露怯，再一听口音是个外乡人，于是又硬气起来，毫不客气地把秦越人痛骂一顿。

少年的父亲鬼迷心窍，以为灵巫代表病家向上天说说好话就能得到神的垂怜。他哪里知道，自己儿子的抢救时间正在一点一滴地流逝。

秦越人无可奈何，拂袖而去。他们来到卫国不长的时间，就对这里的医疗环境有了大体的了解。当地人很迷信，往往把迷信和医学混为一谈，生了病宁愿相信灵巫，也不相信医生的医术。

几天以后，秦越人听说，那位病重的少年当天晚上就死了。那个能够通天达地的灵巫法术"失灵"，并没救回少年。他害了一条人命，却心安理得地收受了丰厚的酬金，扬长而去。

秦越人眼睁睁地看着一条鲜活的生命就这样没了，心里很悲伤。他无数次责备自己，当初要是能跟那个虚妄不实的灵巫据理力争就好了。巫术不除，医学就不可能昌明。这个少年的死，深深地刺痛了秦越人。哀伤像一块巨大的山石，重重地压在他的胸口上。

秦越人的伟大之处就在于，将医学视为科学，用理性的态度去看待病症。在春秋末期、战国初期，虽然思想得到大解放，但是自远古时期就遗传下来的巫术信仰已经化为文化基因，融入人们的骨髓之中。巫术和医术混为一体，医生往往也是巫师，看病的过程充满了浓厚的巫术色彩。秦越人主张破除巫术，将巫术从医学中踢出去。他的这种前卫思想，在当时的人们看来简直就是胡闹。

秦越人所进行的不是单纯的治病救人，而是一种医学改革。人们约定俗成一般，把生命交给灵巫，医界基本上成了巫家的道场。别说普通百姓了，就连上层统治者也笃信神灵巫师。各诸侯国都设立"太卜"一职，掌管占卜事务。据说，有一次，赵王生病了，就命令他的太卜占问患病的原因。太卜占卜后，向赵王汇报说，大王的病是因为侵占了周天子的祭地，惹怒了神灵，所以才降下祸殃，给他一个警告。一番"定论"吓得赵王赶紧归还了侵占的土地。

人们就好像完全浸没在迷信之中，理性之光被浓雾笼罩。秦越人要做的，不就是带着弟子们为人们点亮理性吗？在卫国逗留了一段时间后，秦越人立即动身，北上来到虢国，那个即将让他名声大噪的地方。

虢国是个小国，面积狭小，它的位置在今天的河北南部和河南北部的交界处。在礼崩乐坏的春秋后期，虢国处在各大国的夹缝中，毫无存在感。它的国君和太子守着可怜的祖宗基业，艰难地维持着贵族的体面。

虢国国君年过六旬，膝下只有一子。老国君将仅有的儿子视若掌上明珠。可如今，一场巨大的不幸降临到了这个小国和老国君的头上。

　　前段时间虢国太子经常头晕，起初以为是睡眠不好引起的，就没太当回事。那天，夜色渐浓，太子宫里烛火通明。虢国太子像往常一样捧着一册书，读得兴味盎然，不觉已至次日黎明。他刚端起一杯茶，突然脸色发青、全身颤抖，手里的水杯掉在地上，"嗵"的一声就倒在了几案上。

　　老国君急忙宣太医前来诊治，众太医都说太子水浆不入，已经气绝而亡了。突如其来的噩耗，犹如晴天霹雳。老国君怎么也没想到，年轻的儿子会离他而去！老国君无法接受这个冰冷的现实，他抓着太医的手，老泪纵横，祈求他们再想想办法，泪水从他深深的皱纹里滑过。众太医也都抹着眼泪，无奈地摇了摇头。

　　等到入殓的时候，老国君舍不得唯一的儿子就这样撒手而去，迟迟不肯让儿子的尸首入殓。列位臣工见了无不动容，纷纷拭泪。

　　一踏进虢国城门，秦越人就感受到空气中弥漫着一种悲戚的气氛。街市上显得非常冷清，店肆都关门闭户了。路上稀稀疏疏的行人都面带愁容。有几个人聚在一起低声说话，不知在谈论些什么。

　　秦越人心中纳闷，忙拉住一个人打听，才知道原本虢国太子突然气绝身亡了。一国无论大小，太子去世都是震动朝野的事，连僻陋乡野都已经传得沸沸扬扬。

　　经验丰富的秦越人听了人们的议论，心里已经有谱了。虢国太子死得突然，其中必有蹊跷。他带着子舆等弟子火速驰往虢国王宫探视。

　　子舆赶紧拉住老师，说："主动上门给人看病，这不是自寻烦恼吗?"自古以来,在医界一直有"医者三戒"之说,即医不自治、医不叩门、医不戏病。"医不叩门"说的是医者不能主动上门去给人看病,哪怕生病的是自己的友邻亲朋,毕竟人人都有"讳疾忌医"的心理。可是,秦越人根本顾不得古训,他一心只想着救人性命。

虢国宫门口,办理丧事的人熙熙攘攘。秦越人好不容易说服守卫,让守卫找来主管王宫事务的中庶子。中庶子平时喜欢看方技之书,对医学也略知一二。他听了守卫的话,心中半信半疑。

秦越人开门见山地询问太子的"死因"。中庶子自认为通晓医术,就在秦越人面前卖弄起来,说太子血气不和,血气交错,宣泄不出来,暴发于外,便成为中害;精神不能遏制邪气,邪气蓄积而不得宣泄,因此阳缓而阴急,突然昏倒就死了。

听了中庶子的描述,秦越人当下立知,太子这是假死之状。如果时间来得及,还有得救。接着他又询问了太子死去的时间。中庶子悲观地告诉他,大概有四五个时辰了。连太医们都说已经没救了,难道眼前这个人还能让朽木逢春吗?

在得知太子还没有入殓后,秦越人赶紧让中庶子带他进宫为太子治病。中庶子惊得目瞪口呆,他还从来没有听说过起死回生的事。秦越人看中庶子不相信自己,心急如焚,催促中庶子赶快进去通报。

中庶子不敢贸然带他进宫,不紧不慢地跟他讨论起了上古时代的名医俞跗。上古时代,有个名医叫俞跗,他给人治病不用汤液醴洒,也不用针砭和推拿按摩,就能看出病症所在。他循着五脏的穴位,割开肌肤,分理结扎筋脉,能用手挑动脑髓,去掉进入膏肓的痼疾,浣洗肠胃,漱涤五脏,培养病人的精神,改变病人的形态。秦越人心里明白,中庶子是怕他自讨没趣。秦越人要是能有俞跗那样神奇的医术，那太子就有希望了；但如果他夸下海口，又救不回太子，岂不是自找麻烦？

秦越人告诉中庶子，其实看病没有那么复杂。不需要给病人切脉、察看脸色、听声音、观察病人的体态神情，也能说出病因所在。所谓"见病知源"，知道疾病外在的表现，就能推知内在的原因；而知道疾病内在的原因，也能推知外在的表现。人体内有病会从体表反映出来，据此就可以给千里之外的病人诊断疾病。决断的方法很多，不能只停留在一个角度看问题。

接着，秦越人又言之凿凿地说，太子现在并没有死，太子的耳朵还有鸣响，鼻翼还在扇动，要是顺着两腿之间去摸股沟处，那里应该还是温热的。

中庶子越听越觉得此人不可小觑，就急忙返回宫里。他走到停放太子尸体的床前，按照秦越人所说，俯耳到太子跟前，发现耳朵里果然有响动，用两个手指轻轻地靠近太子的鼻子，能感觉到还有很微弱的呼吸，鼻翼也在微微地扇动，大腿内侧也还有余温。

中庶子先前的疑虑一扫而光，连忙跑到老国君那里，将秦越人的话一字不差地禀报。老国君听说儿子还有希望，立刻从失魂落魄中清醒过来，传令百官随他一起到宫门口迎接神医。

扁鹊医虢国太子

经过秦越人一番解释，众人才明白，太子的病俗称"假死"。这种病是阳入阴中，脉气缠绕胃脘，经过阳维和阴维的经络分别下行，进入三焦、膀胱，所以阳脉不行、阴脉上争，于是气闭而不通。上有绝阳的脉络，下有破阴的赤脉，阴破阳绝、脸色苍白、四肢僵硬，所以猛地看上去形体安静，就像死了一样。其实太子只是失去了知觉，并没有真的死去。听说儿子并没有死，国君的脸上顿生喜色。国君立马带着秦越人及其弟子们向太子宫走去。

秦越人伸出三根手指摸太子寸口上的脉象，聚精会神地体察病人的脉象变化。大约过了一炷香的工夫，秦越人长吁了一口气，吩咐子舆快取针来。秦越人为太子针灸了几个穴位。扎完针后，秦越人让弟子子容、子豹按摩太子的四肢、胸、腹、颈等部位，疏通经脉。片刻之后，虢国太子的手指轻轻地动了一下，紧闭的双眼微微翕动着，慢慢地从昏沉中苏醒过来，逐渐恢复了意识。看到儿子活了过来，国君老泪纵横，一下子扑倒在太子身上。秦越人又让弟子子豹准备能入体五分的药熨，再加上八减方的药剂混合煎煮，交替在太子两肋下热敷。过了一会儿，太子便能够坐起来了。

国君深深地给秦越人鞠了一躬，一个劲儿地称赞秦越人"高义"。秦越人也赶紧回礼。治病救人是医生的本分，他从不敢受病人大礼。正是这份平常之心和谦卑之念，成就了他"神医"的大名。

经过20天的内服外敷和按摩护理，太子的阴阳、气血慢慢地就被调理顺畅了。太子身体康复如故，整个人看上去神清气爽。

秦越人让虢国太子起死回生的事迹传遍了大江南北，天下人都说秦越人是"神医"再世，有起死回生的高超医术。据说，自从秦越人治好了虢国太子以后，民间就有了人死后要停尸7天的习俗。在医学还不昌明的古代，人们不能鉴别一个人是真死还是"假死"。这个习俗也确实挽救了许多人的性命。

看到虢国太子身体恢复了健康，秦越人和弟子们商量着该离开了。秦越人不愿让国君和太子兴师动众地相送，于是，在一个清晨，他带着一众弟子不辞而别了。

弟子们对老师的淡泊名利也都习以为常，可是连基本的送别都不要，这让人不解。其实，这也是秦越人用心良苦之处。他想通过这样的方式，让弟子们明白行医之人应该保持实事求是的科学态度和严谨的医者风范，人前的拥簇和掌声会让人迷失方向。世界上哪有什么"神医"啊，任何人都没有起死回生之术。一个人要是真的死了，就是神仙也无能为力。虢国太子本身就没有死去，他只是"假死"而已。秦越人所做的就是让他恢复健康罢了。

一行人来到郑国境内阳城（今登封）石淙山下。正值雨季，大水从上游直泄下来，颍河水位暴涨。河道水流湍急，临河村上的几个孩子正在河边追逐嬉戏。一个七八岁的孩子，不慎滑了一跤摔倒了，正好倒在岸边的斜坡上，失足滑进了河里。一眨眼的工夫，孩子就被一个浪头卷走了。

岸上一群大人一面顺着水流追赶，一面高声呼喊救人。河道里那个孩子在水里一浮一沉，痛苦地挣扎着。孩子的父亲看到儿子落水，不顾一切地跳进河里。翻滚的漩涡几次把他卷进水里，又把他旋出水面。他不知从哪里来的力量，猛地向前扑去，奋力向不远处的孩子游过去。眼看儿子就在眼前，他一把抓住孩子的衣服。

在河面较宽的地方，水势平缓下来。孩子的父亲抱住孩子，使尽全身力气游到岸边。众人在岸上伸出双手接应，合力把父子俩搭救上来。可是孩子的肚子已经涨得圆鼓鼓的，呼吸也停止了，躺在地上一动不动。任凭他父亲跪在地上撕心裂肺地哭喊他的名字，他也没有反应。孩子的母亲一屁股跌坐在地上，号啕大哭，肝肠寸断。乡亲们扶起她，抹着眼泪劝她人死不能复生，千万要想开，还是给孩子料理后事吧。

正巧秦越人领着子阳、子豹等从这里路过。听说一个孩子溺水死了，子阳赶紧喊着"让一让"，乡亲们闻声让开一条道。秦越人来到孩子跟前，看到孩子脸色青紫；又把手放在孩子鼻子上，已经没有呼吸了；又试了试心脏，心跳也停止了；最后给孩子摸了摸脉，竟然还有极其微弱的脉搏。"孩子还活着！"他大喊一声。秦越人立即把孩子的嘴掰开，再将孩子的腰托起，脊背向上，头朝下，放在子豹的肩上，让他背起快跑。孩子的父母不知道他们在干什么，正要阻拦他们，就看见水从孩子的嘴里不断倒出来。孩子的肺和胃里积满了水，倒出来孩子就有救了。

秦越人又让子豹把孩子放下，仰面平卧，两手握住孩子的两臂，屈身扩胸，按摩心脏，又使孩子俯卧，用手反复挤压背部，使胸部张缩，空气自然进入肺部。不一会儿，孩子的脸色又恢复了红润。秦越人让孩子的父母拿来干衣服给孩子保暖，又让子阳煎汤药给孩子调服。

乡亲们都盛赞秦越人有起死回生的本领，是救命的"活神仙"。从此，秦越人名声大震，各国都请他去讲学。无论走到哪里，来求他看病的人都排成长队。相反，那些专门靠巫术骗钱的巫医那里，看病的人寥寥无几。

第七章

人外有人求诸野

扁 鹊

成功来得似乎很突然，潮涌般的掌声慢慢将秦越人淹没了。一时之间，他有点得意忘形了。赵国一个得了不治之症的老汉，狠狠地给他上了一堂课。

秦越人带领弟子来到赵国都城邯郸（今河北省邯郸市），在闹市区找了一家旅馆安顿下来。邯郸郊外有位老汉腹痛难止，花光了家里的积蓄，也没能治好病。无奈之下家人只好给他准备好棺材，等着料理后事。从那以后，老汉整日神思涣散，对疾病的恐惧就像一颗毒瘤，在他的心里安营扎寨，日渐滋长。

有一天，老汉听说鼎鼎大名的"神医"秦越人来到了赵国。抱着一线希望，老汉找上门来，请秦越人为他诊治。

一见到秦越人，奄奄一息的老汉如遇救星，"扑通"一声跪了下去，恳求"神医"救救他。秦越人见他双手捧腹，痛得难以自持，额上汗如雨下，赶紧上前将老汉搀扶起来。老汉脸色暗青，眉眼之间布满了愁容。秦越人先舒缓他的恐惧哀伤的情绪，让他冷静下来以后，给他切脉诊断。秦越人沉思片刻，判断老汉的病情已经侵入内脏，无药可救了，最多再坚持一个月。他很遗憾地告诉老汉这个结果，让他想开点，回家安排后事。老汉原本还满怀希望，没想到连"神医"都给自己下了死亡通知书，内心万分沮丧。

老汉失魂落魄，跟跟跄跄地走在回家的路上。一位白胡子的农夫看见他六神无主的样子，赶紧叫住他。问清缘由之后，农夫哈哈大笑，告诉了他一个秘方，让他照着方子去做，病就能治好。听说自己还有救，老汉顿时喜极而泣，泪如泉涌，赶忙向农夫跪谢。

老汉想，死马当作活马医，能多活一天是一天。于是，老汉回到家以后，遵照农夫的话每日服药。3个月以后，他竟然奇迹般地痊愈了。他不住地跟自己的老伴儿说："白胡子农夫比'神医'还神哩！"

真是"无巧不成书"。3个月以后，秦越人在邯郸城里老远看见一个摆摊卖菜的老汉，他觉得此人很面熟，仿佛在哪里见过。那个人也看见了秦越人，就过来跟他打招呼。秦越人这才想起，他就是3个月以前那位被自己下了死亡通知书的老汉！他不但没事，而且还生龙活虎，根本不像有病的样子。难道自己"失手"了？秦越人满脸惊愕。

老汉原原本本地告诉了他事情的来龙去脉。明明已经病重难救了，怎么可能吃了3个月的白梨，腹痛就慢慢地减轻了，最后还奇迹般地痊愈了呢？按说他知道的奇珍异方也不在少数，竟不知世上还有这种简便讨巧的医方。他向老汉请教这服奇方的主人。若世上有此等高人，他想拜这位高人为师。

秦越人感叹，山外有山，人外有人。生命是有限的，医学知识却如同浩瀚的汪洋大海，无涯无际。自己刚刚泛舟驶进医海，就志得意满，殊不知，前方还有广阔的未知领域等待自己去探索、去钻研。老汉告诉他"高人"在庞家庄。

秦越人一心求医，不到日落就来到了庞家庄。街上有几个孩子在玩儿。秦越人跟他们打听后才知道，农夫住在村子的西北角。原来，农夫懂得一些药草知识，知道一些方子，在乡下能给人治病。

小孩子把秦越人领到农夫家门前。见柴门没关，秦越人就径直走了进去。农夫正在院子里晒草药，小院里有一股淡淡的中药味。有些药材是常见的，如白术、菊花、黄连等。还有一些药材是秦越人没有见过的，这让他大开眼界。

扁鹊

秦越人心里的惊喜真是无法形容。好不容易遇到这样的高人，他下定决心，一定要从高人这里学到点什么。

农夫见有陌生人进来，就停下手里的活，上下打量了一番这个不速之客。秦越人没敢报上自己的真实姓名，谎称自己是个外乡人，听说农夫医道高绝，用药奇特，对农夫的医术仰慕已久，今日特来拜师学医。

农夫一听，哈哈一笑，说自己又不是医生，也没有那么大的能耐，让秦越人另请高明。说完就把秦越人晾在一边，农夫自顾自地忙去了。

秦越人一直恭恭敬敬地站在院子里。到了晚上，农夫见秦越人还没走，心想：这人态度诚恳，有耐心，有心学医，说不定是个可塑之才。于是农夫就决定收他为徒，悉心调教。

秦越人每天跟着白胡子农夫晒药，辨识药材。农夫不忙的时候，就带着秦越人上山采药，一边采药，一边告诉他这药的特性，用来治什么病。对一些常见的药材，农夫还会告诉他特殊的用法。药草的产地和生长时间不同，药性也不一样，所以医生开药务必要注意，这样才能发挥好每一味药的药效。跟在农夫身边几年，秦越人学到了很多医书上没有的知识，医道有了很大的进步。农夫认为秦越人已经学有所成，自己没什么可以教的了，就把秦越人叫到跟前，让

扁鹊游医

他去悬壶济世。

秦越人对老师的悉心培育万分感激，他跪在农夫面前，连磕了三个响头。一说要下山行医，秦越人却惶恐起来，觉得自己学问不够、医术不精，还不足以担当悬壶济世的重任。

农夫欣赏的就是秦越人这种谦卑好学的态度，直言他的医术已经比那个浪得虚名的秦越人强多了。秦越人听了尴尬地笑了笑。他原本想隐瞒自己的身份，如今分别在即，就向老师道出了自己的真实姓名和来拜师学医的初心。

白胡子农夫没想到当世"神医"竟然能够屈临陋舍，不耻下问，不由得对秦越人刮目相看。白胡子农夫嘱咐秦越人，要想什么疑难杂症都能药到病除，仅凭现有的医术远远不够，还应该多钻研医典，探求良方。

长桑君将秦越人领进了医学的大门，而农夫又教会了秦越人博大精深的民间医学知识。带着农夫老师的赠言，秦越人踏上了新的征途。

秦越人忙着在蓬山一带采药草救人，已经忘了那个因他而起死回生的虢太子。虢太子自从到鬼门关走了一遭后，回忆往事，恍如一梦。他决心追随秦越人，将余生奉献给医学事业和天下苍生。

虢太子把自己的真实想法告诉了父亲，父亲和文武大臣都极力反对。对他心意已决，父亲也只好随他去了。

虢太子向沿途老百姓打听秦越人的踪迹，得知秦越人往赵地去了。于是，他马不停蹄地赶往赵地。

一天，秦越人刚回到家里，正吩咐子阳把晾晒的药材收起来，突然发现一个少年站在茅屋前。虢太子一见到秦越人，就"扑通"一声跪下。秦越人和弟子们惊愕不已,不知道眼前这个一身泥水、狼狈不堪的少年是何来历。

虢太子抹了一把眼泪,哽咽地表明自己就是被他救活的虢太子。秦越人让弟子给他擦干雨水,换身衣服。收拾停当后,虢太子再一次跪在秦越人面前,急切地向秦越人表明自己拜师的意愿。秦越人毫不迟疑地拒绝了,他心里有自己的考虑:虢太子过惯了锦衣玉食的生活,哪能吃得了这份苦。

虢太子看秦越人不收自己,就长跪不起,苦苦哀求。虢太子执意要拜秦越人为师,一则有报恩的意思在里面,正所谓"生我者,父母也;活我者,扁鹊公也";二则,他也为秦越人精湛扎实的医术和科学严谨的态度所折服,对秦越人悬壶济世的人生方向非常敬重,也想做一个良医,去帮助更多的人。

秦越人看虢太子意志坚定,也被他的诚心所感动,就决定收他为徒。他捋着胡须告诫虢太子,当医生容易,就算是庸医,也能养家糊口,可是,想要做一个良医就没那么容易了。良医是用药把人给治好,而庸医是用药把人给毒死。行医之人要时刻以此警示自己。

虢太子重重地点了点头。他知道秦越人说这番话就等于收下自己了,忙向秦越人恭恭敬敬地行了拜师之礼。

民间都说,读3年医书,就能觉得自己医术高明,天下没有治不了的病。但是这句话后面还有一句,是说等到治病3年后,才知道天下没有一成不变的药方。学医可不是随便读上几本医书就可以的。学医须读万卷书,行万里路。不仅要记数不清的药名,还要亲自到山沟野谷里采药草、挖药石,辨识形形色色的药材,有时候还需要亲自尝药。给病人治好了病，可能会遭到同行的嫉妒；要是治不好，更会遭到人们的唾骂。

虢太子拜秦越人为师，如同走上了一条没有路的路，脚下的每一块砖都得靠他用勤奋和汗水去铺就。

秦越人给人看病时，虢太子就守在旁边，仔细地看，静静地听，默默地记在心里。虢太子以前从没有接触过医学典籍，读起来有些吃力，所以他就比其他的师兄们更加勤奋。晚上躺在床榻上，他将老师当天看病的诊断反复进行思考。他勤奋地学习，如痴如醉地捧着医学典籍，孜孜以求，让秦越人颇感欣慰。这也是后来秦越人离开蓬山远游，却把虢太子留下行医的原因。秦越人目睹了虢太子的成长和进步，对虢太子的医术很有信心。

传说，有一天，秦越人带着虢太子像往常一样在山间采药。走到一条小河边时，虢太子突然腹痛不止，在地上直打滚，号哭的声音几近嘶哑，面色也由青红转为青紫。秦越人把手搭在虢太子手腕处，一切脉，得知弟子得的是绞肠痧。环顾四周，见一条小溪从山上蜿蜒垂了下来。溪边有一平平展展的大青石，长3米，宽2米，厚1米多，宛如一铺方正平坦的石炕。秦越人赶紧把弟子扶过去躺下。

绞肠痧疼起来非常厉害，就像孙悟空钻进肚子里大翻筋斗，令人感到肝肠寸断。虢太子原本就体弱，如果不抓紧时间治疗，怕是有生命危险。可是在这荒山

手术石

野岭，怎么做手术呢？秦越人看了一眼清澈的溪水，只好就地取材。

秦越人把大青石当作"手术台"，把清澈的溪水当作"消毒水"，取出随身携带的麻醉散给虢太子服下。不一会儿，虢太子就昏睡过去了。秦越人取出手术刀，找到虢太子腹痛的部位划下去。血就从切口处流了出来，流到了溪石上，流进了溪水里。

秦越人将虢太子的肠子处理好，然后放回虢太子的腹部。虢太子捡回了一条命。此番是秦越人第二次救虢太子的命了。

在秦越人为虢太子做手术的石头上，斑斑殷红的血迹历经2000多年仍清晰可见。相传，那是虢太子做剖腹手术时，鲜血流入石间所致。据说，每逢下雨，大青石下面就会汩汩流出似血的红水。当地老百姓为纪念秦越人高明的医术，就把给虢太子做手术的大青石叫作"手术石"（和莲芬、张贵生编著的《全国最大扁鹊祭祀地：内丘鹊山》中，即载录了扁鹊和虢太子行医的遗迹"手术石"）。

秦越人在蓬山一带住了5年时间。在此期间，他经常向农人、樵夫、船家等请教，从他们那里了解到很多药材的药效和用法。同时，他还教出了一个得意弟子——虢太子。等到后来秦越人离开赵地时，他就将虢太子留在了蓬山，继续帮助那些为疾病所困的百姓。

秦越人精通内、外、妇、儿、五官、针灸各科，是一位医学上的多面手。他从不将自己局限于某一专科，而是灵活多变，处处为病人考虑。在史学

手术石血迹

家司马迁为秦越人所作的传中，秦越人给达官贵人诊治的经典案例很多，难道秦越人是阿尊事贵的医生吗？当然不是。时隔2000多年，我们仍然能够从《史记》那简略的句子"过洛阳，闻周人爱老人，即为耳目痹医；来入咸阳，闻秦人爱小儿，即为小儿医，随俗为变"中读出秦越人随俗为变的光辉和医者的仁心。

秦越人一生行医，所过之处有2000多千米。每经一地，他都会认真观察当地的习俗和人们的常见病症，随俗为变。治病因地而异，这正是他的高明之处。

秦越人和弟子们在赵国游医，发现这里和齐国、虢国的民风很不一样。赵地历来是兵家必争之要地，多慷慨悲歌之士。然而，在这刚强壮怀的文化底色中，亦涂抹着奢靡华丽的斑斓色彩。赵国的邯郸是当时有名的繁华鼎盛之都，到处都是歌楼舞榭，美女艳姬让人眼花缭乱。

秦越人和弟子们来到赵国之前，就曾听闻这里的女子好歌善舞，以娱富贵人家。"燕赵多佳人，美者颜如玉。被服罗裳衣，当户理清曲。"这里处处可闻管弦钟鼓的声音。上至君王，下至大夫贵族，都喜欢那些面容姣好、音声柔美的女子。邯郸的有钱人，家里都养了一些歌姬乐班。只要有贵客上门，主人就让歌姬们以歌舞助兴。战国四君子之一的平原君家里就拥有数百名歌姬。

歌姬可以出入贵族之家，只要凭借倾国倾城的姿色打动主人，就有可能华丽转身，鲤鱼跃龙门。久而久之，赵地就形成了重视妇女的传统。秦始皇的母亲赵姬当年就曾是邯郸城里有名的歌姬，艳若桃李、眉目含情，而且歌喉清丽婉转。秦始皇的父亲嬴异人对她一见倾心，赵姬后来成为秦国的王后。

《史记》对扁鹊的记载

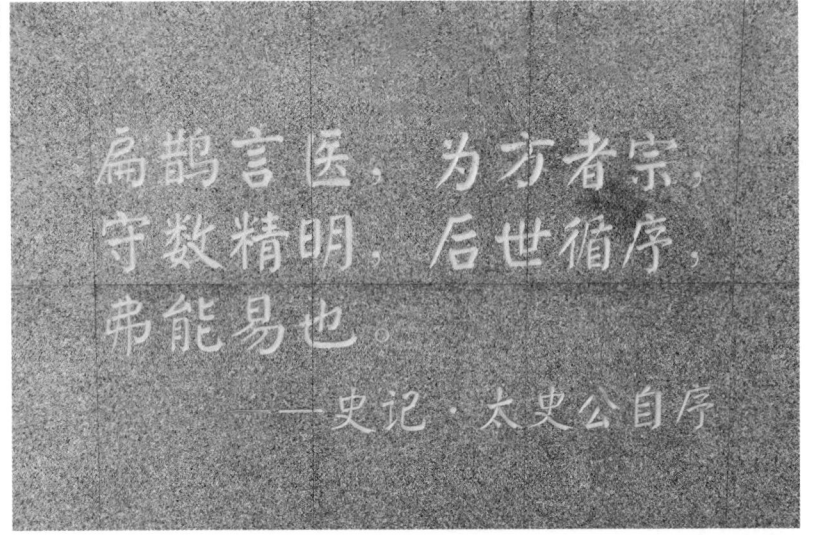

> 扁鹊言医，为方者宗，守数精明，后世循序，弗能易也。
> ——史记·太史公自序

不过，令秦越人揪心的是，虽然赵地妇女通过歌舞侍奉权贵，换来了丰厚的物质回报，但同时她们也是弱势群体，身体面临着巨大的伤害，很多妇女都患有妇科疾病，身心都遭受着病痛的折磨。听说当地本来就有尊重妇女的传统，秦越人入乡随俗，在邯郸专注地研究治愈妇科病的良方，决心给女子治病解忧。

秦越人听当地人讲，山上有一种鸟叫王岗哥鸟。这种鸟习性奇特，昼伏夜出，不吃粮食，而且夜夜啼叫，直到嘴里出血为止。它们以血引来蚂蚁为食。到了冬天，引不来蚂蚁的时候，王岗哥鸟就以自己的粪便为食。这种鸟还喜欢将窝安在悬崖峭壁上，所以一般人逮不到它。王岗哥鸟特殊的生活习性引起了秦越人的注意。

一天，秦越人带着子仪到山上采集王岗哥鸟的粪便。爬到半山腰，下临深谷，上有危岩，上下不得，正在踌躇间，一个樵夫担着两捆柴从山上走下来。樵夫熟悉这里的风土民情和草木鸟兽，一听说秦越人就是远近闻名的"神医",就主动给他当向导。

向上走的小路越来越陡峭。樵夫带着师徒二人,攀着树根和藤蔓,费劲地攀登。在太阳落山以前,他们终于爬到了悬崖上。那里有几株松树,扎根在深深的岩石里。松树下面散落着许多王岗哥鸟的干燥粪便。

扁鹊为带下医

秦越人大喜,让弟子子仪赶紧把粪便收集起来,带回去做研究用。赶在太阳收起最后一束光芒之前,他们一行三人下了山。秦越人求药心切,顾不上休息,带着子仪连夜去了一个经验丰富的老猎人家里,开口便问这粪便是不是王岗哥鸟的粪便。老猎人捏起一粒粪便凑近鼻子闻了闻,说这确实是王岗哥鸟的粪便。

秦越人后来发现,王岗哥鸟粪便对于治疗妇女大出血有奇效。秦越人将粪便文火加热,炒至有腥臭气溢出,表面颜色加深时,趁热喷洒上醋,再炒至微干,取出晾凉备用。(本医方来自古医书,若有类似病情,具体治疗方法请遵医嘱。)他给

五灵脂

这种药取了一个好听的名字——"五灵脂",给王岗哥鸟取名"五灵脂鸟"。

秦越人在赵国给妇女们看病,他发现很多妇女患有血虚的毛病,就用在齐国炼制的阿胶给妇女们治病。秦越人在赵地停留了几年,治愈了许多妇女的病。

第八章

齐桓公讳疾忌医

扁鹊

秦越人师徒一行到了齐国。齐国古都临淄（今山东省淄博市东北）在今天看来只是一个普通的北方小城，然而，在战国时期，临淄却是当时规模最大和最为繁华的商业都会。战国时，多数国家都被卷入无休止的战争中，齐国却在齐桓公田午的统治下，相对安定。临淄城建筑华丽，店肆林立，南来北往的行人熙熙攘攘，人们的生活过得非常富足。

在临淄西门稷门（今山东省淄博市西边南首门）之外，齐桓公田午大兴土木，一座巍峨的学宫拔地而起，这就是历史上赫赫有名的稷下学宫。齐桓公礼贤下士，招揽天下的智者、贤士。他们在这里高谈阔论，聚徒讲学。

一进齐国都城的西门，秦越人师徒就被壮观的稷下学宫震撼了。器宇轩昂的贤士们在这里进进出出，学宫的上空还飘荡着朗朗的讲学声。他们找了一家旅馆安顿下来。

如今秦越人来到齐国，人们奔走相告。生病的人想找他看病，没生病的也想一睹"神医"的风采。他们所住的旅馆被老百姓围得水泄不通。

稷下学宫的先生们听说秦越人如今身在临淄城，都很兴奋。恰好学宫里有一个学士是从虢国来的，他就把虢太子起死回生的事告诉了大家。他们决定，请秦越人到稷下学宫来讲学。

第二天，秦越人带着弟子们来到稷下学宫。他听说自己成了无所不能的神医，就跟稷下先生们解释，其实自己的眼睛没有透视功能，并没有隔墙就能看见东西的本领，至于隔着肚皮就能看见五脏六腑之说更是无稽之谈。

有个学士以为秦越人是谦虚，就请秦越人现场演示隔墙观物的本

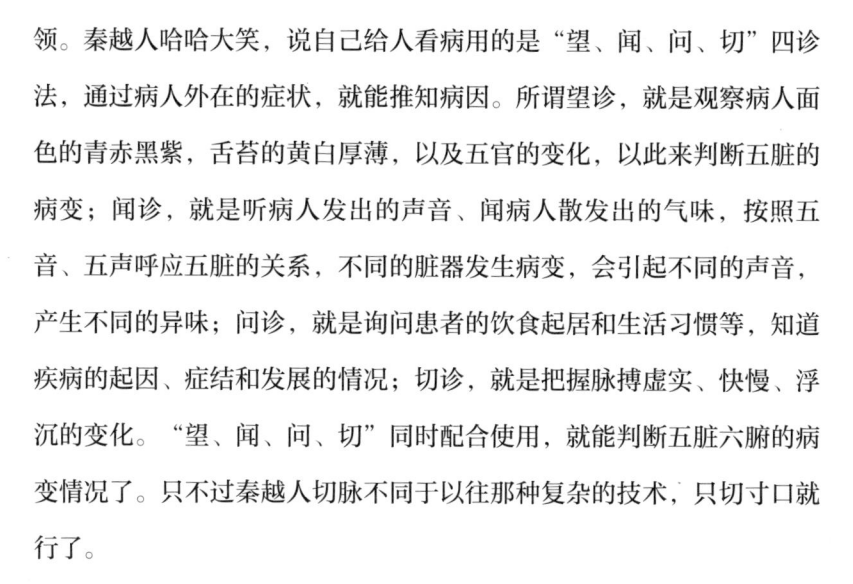

领。秦越人哈哈大笑，说自己给人看病用的是"望、闻、问、切"四诊法，通过病人外在的症状，就能推知病因。所谓望诊，就是观察病人面色的青赤黑紫，舌苔的黄白厚薄，以及五官的变化，以此来判断五脏的病变；闻诊，就是听病人发出的声音、闻病人散发出的气味，按照五音、五声呼应五脏的关系，不同的脏器发生病变，会引起不同的声音，产生不同的异味；问诊，就是询问患者的饮食起居和生活习惯等，知道疾病的起因、症结和发展的情况；切诊，就是把握脉搏虚实、快慢、浮沉的变化。"望、闻、问、切"同时配合使用，就能判断五脏六腑的病变情况了。只不过秦越人切脉不同于以往那种复杂的技术，只切寸口就行了。

稷下学宫里的学士最喜辩论，真理往往就在他们的唇枪舌剑中产生。有个学士故意向秦越人请教，既然询问了病人的病情、感觉和饮食起居等，再进行望诊岂不是多此一举吗？

其实这是一个医患关系的问题。有的病人在求医问诊的时候，对医生的医术不太信任，他们往往会有意隐瞒自己的病情，来考验医生。如果医生只是听了病人的反馈，就妄下诊断，那就有可能误治，不但救不了病人，还会给自己招来不必要的医疗纠纷。所以，就得通过望诊、切脉等，进一步判断病情。

稷下先生们对秦越人实事求是的态度和精湛的医术大为赞赏。

次日，学士们被宣到王宫议事。议事完毕后，稷下先生们纷纷向齐桓公举荐秦越人，说秦越人是当今世上出类拔萃的医生，能"起死回生"。齐桓公田午以礼贤下士而著名，听说有当世高人到访齐国，大喜过望，哪有不迎接的道理，于是便派人将秦越人隆重地请进宫中。

齐桓公在大殿中摆下宴席，隆重地迎候"神医"。大殿上，齐桓公端坐在宝座之上，文武百官和稷下先生分立两侧。秦越人恭恭敬敬地向齐桓公行礼。齐桓公见秦越人深施大礼，赶紧从宝座上走下来，以手搀扶，请秦越人入座。

一番寒暄过后，齐桓公向秦越人打听列国的见闻，还与他交流了看病的道理。秦越人精于望诊。齐桓公猛地看上去容光焕发。秦越人根据多年的行医经验发现，齐桓公皮肤的色泽已经出现了细微的变化，他的身体里早就潜伏着一种病症，只是病情尚浅，很难为人所察觉，病人自己也未必能察觉到身体有恙。

秦越人神色不安，心想：要是在病情还不显著的时候告诉齐桓公，怕是会给自己招来祸事。但是，出于职业习惯和医者良心，在谈话快要结束时，秦越人毫不避讳地提醒齐桓公，病兆潜伏在皮肤和肌肉之间，要是及早诊治的话还能治好，否则病势将会深入体内，到那个时候再治可就麻烦了。

听了秦越人的话，齐桓公怔住了，脸上的笑容逐渐消失，神情严肃起来。国君的身体本是一个国家的最高机密，偶有微恙都能引起朝政"地震"。如今秦越人公开说国君有病，这岂不是影响朝政吗？再说，齐桓公自认为身体健康，根本就没有病。坊间传闻秦越人是"神医"，在齐桓公看来不过是徒有虚名、自造声势罢了。

想到这里，齐桓公斩钉截铁地说自己没病，拒绝了秦越人的好意。秦越人无奈地退了出去，宴会不欢而散。

等秦越人走出宫门后，齐桓公跟文武百官戏讽秦越人没有医家风范，跟那些江湖医生没有什么不同，无非是追名逐利，把没病说成有病，故意让人恐慌，再把一个健康的人治好，当作自己的功劳。

大臣们也都觉得秦越人无中生有，如今听了齐桓公的"盖棺定论"，纷纷点头称是。

过了5天，秦越人估计齐桓公的病进一步加重了，如果这个时候去见齐桓公，估计他就能相信自己之前说过的话，接受治疗了。本着对病人负责任的态度，秦越人再一次去拜访了齐桓公。

一进大殿，果然不出所料，齐桓公的病情有所加重。但齐桓公自我感觉神采奕奕，便半玩笑半认真地打趣秦越人前几日妄断病情。秦越人知难而进，大胆地说他虽然现在还没有什么感觉，但是病已经从肌肤渗入到血脉里了，倘若再不接受治疗，恐怕还会进一步恶化。

此话一出，殿中大惊。大臣们纷纷指责秦越人太无礼了，就连稷下先生们也都觉得他有失分寸。

上次碰壁以后，齐桓公以为秦越人会有所收敛，没想到他还是如此放肆。齐桓公坚称自己没病，嘲讽秦越人不过就是为了名利，一而再再而三地故弄玄虚罢了。看到齐桓公勃然变色，大殿里的气氛骤然紧张起来，一直站在秦越人身后的弟子们也都吓得心惊胆战。

秦越人忧心忡忡，无奈转身退了出去。这次会谈又不欢而散，一切都在秦越人的意料之中。他心事重重地回到驿馆，越想越不安。

又过了5天，秦越人又去见齐桓公。大殿里金碧辉煌，显得桓公的脸色更加暗沉。齐桓公的病如他之前所料，已转移到肠胃里了，倘若再不接受治疗，恐怕将更深地侵入体内。秦越人一如既往地直言不讳。齐桓公听后，怒火凝结在眉头，一触即发，索性不再理睬秦越人。

秦越人退出去后，齐桓公生了半天闷气，也在犯嘀咕："莫非寡人真得了病？可是，如果真有病，不至于所有的太医都查不出来吧？"无论如何，秦越人的诊断，在他心头笼上了一道挥之不去的阴影。

5天的时间很快就过去了，秦越人不请自来，又去拜会齐桓公。

秦越人走进大殿，向齐桓公施礼后站定。他先是举目环顾大殿里的群臣，又凝视齐桓公的面容良久。这次他一个字也没有说，转身就退了出去。来到宫殿门口，他毫不迟疑地套上马车，和弟子们一起回了旅馆。

秦越人这次一反常态，没有纠缠齐桓公的身体，这让齐桓公疑窦丛生。齐桓公想弄清其中的原委，就派使者追上去询问缘故。

秦越人如实相告，使者听出了秦越人的话外之音，大王的病已经无药可治了。如果疾病在皮肉之间，服用汤剂就能达到治病的目的；如果疾病发展到血脉中，那么靠针刺和砭石的效力，也能达到治病的目的；如果疾病进一步到肠胃中，那就得用药酒才能控制病情；但是，病情一旦恶化到不可控的地步，比如深入骨髓，就算是司命之神也无力回天了。齐桓公的疾病已深入骨髓了。秦越人曾经几次提醒过大王，但是他讳疾忌医，最佳治疗时机都已经错过了，所以现在就没必要再求着为他治病了。

使者回到宫中，战战兢兢，一五一十地将秦越人的话上报给大王。

《史记》载扁鹊医齐桓公

扁鹊过齐，齐桓侯客之。〔一〕入朝见，曰："君有疾在腠理，〔二〕不治将深。"桓侯曰："寡人无疾。"扁鹊出，桓侯谓左右曰："医之好利也，欲以不疾者为功。"后五日，扁鹊复见，曰："君有疾在血脉，不治恐深。"桓侯曰："寡人无疾。"扁鹊出，桓侯不悦。后五日，扁鹊复见，曰："君有疾在肠胃间，不治将深。"桓侯不应。扁鹊出，桓侯不悦。后五日，扁鹊复见，望见桓侯而退走。桓侯使人问其故。扁鹊曰："疾之居腠理也，汤熨之所及也；其在血脉，鍼石之所及也；其在肠胃，酒醪之所及也；其在骨髓，虽司命无奈之何。今在骨髓，臣是以无请也。"后五日，桓侯体病，使人召扁鹊，扁鹊已逃去。桓侯遂死。

使圣人预知微，能使良医得蚤从事，则疾可已，身可活也。人之所病，病疾多；〔三〕而医

〔一〕【集解】傅玄曰："是时齐无桓侯。"【索隐】案：傅玄曰："是时齐无桓侯。"裴骃云："谓是齐侯田和之子桓公午也。"盖与赵简子颇亦相当。

〔二〕【正义】上音凑，谓皮肤。

〔三〕【正义】格彭反。

〔四〕【索隐】五分之熨，八减之齐。案：言五分之熨者，谓熨之令温暖之气入五分也。八减之齐者，谓药之齐和所减有八。并越人当时有此方也。

扁鹊仓公列传第四十五

二七九三

齐桓公听了，心慌意乱，寝食难安。

果不其然，5天以后，齐桓公病入膏肓，一卧不起，躺在床上有气无力。这时，他才终于相信了秦越人，于是连夜派人去请。齐桓公开出天价，只要秦越人能够治好他的病，他一定重重地赏赐。

当使者到达旅馆时，旅馆早就人去楼空了。齐桓公一下子慌了神，立刻部署兵丁，把守在各个城门口，拦截秦越人师徒，务必把神医绑来给自己治病。

只是，齐桓公还不知道，秦越人一行早已出了城门，隐没在无边的夜幕之中。

从秦越人看出齐桓公发病，到齐桓公去世，仅仅20天的时间。弟子们跟随秦越人游医列国，对老师的原则没有不敬服的。老师一再说救死扶伤是医生的职责，这一次却坚持不给齐桓公治病，这不是自相矛盾吗？

弟子的疑问，也曾经困扰着秦越人。他也向长桑君问过类似的问题："病人的病情严重到什么程度，才是病入膏肓了呢？"长桑君当时没有直接回答他。他在几十年的行医生涯中，慢慢地找到了答案。

人们总是担忧疾病太多，而医生担心的是治病的方法太少。疾病千变万化，有一些病是很难治好的。这些年，他总结出有六种疾病很难治愈。傲慢放纵，不讲道理，不听医生的劝告，这是第一种治不好的病；看重钱财却不珍惜自己的身体，医药费都不舍得花，这是第二种治不好的病；衣食无度，不加节制，这是第三种治不好的病；阴阳错乱，五脏六腑已经失去正常的功能，这是第四种治不好的病；身体孱弱，连药都不能服，这是第五种治不好的病；迷信巫术，而不相信医生，这是第六种治不好的病。这六种情况，只要占其中一样，恐怕就很难医治了。

齐桓公属于第一种，顽固不讲道理，不听医生的劝告，这样的病人不信任医生，也不跟医生配合，细微的毛病也会拖成重症。秦越人的"六不治"看似简单，实则包含着天、地、人的要素在其中。中医讲究天文、地理和人事三位一体的思维方式。《素问》中也说，"上知天文，下知地理，中知人事"，才是"医之道"。秦越人尤其重视人事对医疗的影响。

秦越人走后不久，齐桓公就一命呜呼了。

秦越人带着弟子在列国游医，不但接触到各种疑难杂症，开阔了自己的眼界，提高了临床技术，而且还收集到许多珍贵有效的民间良方。秦越人所过之处，人们无不感念他的高尚医德和精湛医术。今天，在山西、河北等地有很多村落，就是以"扁鹊"这个名字命名的，以此来纪念"神医"。秦越人经常告诫他的弟子们，作为医生，倘若为虚名所累，那就不可能全身心地精进自己的医术，修养自己的仁心。

跋山涉水间，他们到了魏国境内。此时魏国当政的是一代明主魏文

扁鹊故里风光

侯。他继位后把都城迁到了安邑，也就是今天的山西夏县西北。

魏国地处黄河和淮河两大水系之间的平原地带，东边是齐国雄踞，西边是强秦虎踞，南边是楚国虎视眈眈，北边又有赵国威胁，四境有强敌环伺，域内又无险可守。魏文侯即位之初，魏国就面临着重重生存危机。

魏文侯在位50年，是一位贤明出色的君主。在与西秦的战争中，魏国接连获胜。他富有远见，知道列国争霸中人才的重要性，因此礼贤下士，用人唯贤。他还让他的弟弟魏成子到齐鲁大地上以重金寻访贤者。在魏文侯的统治之下，魏国精英荟萃，名士如云。他任用李悝变法，使魏国成为战国时期的强国，开创了魏国的百年霸业。

李悝按下变法的开关，激活了魏国的经济。都城安邑街面整齐，商旅辐凑，人流往来不绝。那生机勃勃的城市气象和魏文侯雄心勃勃的经国大志相呼应。

秦越人看到这番繁荣的景象，对魏文侯充满了好感。魏文侯爱才如命，得知"神医"秦越人抵达魏都，就派人在城中寻访秦越人，并邀至宫中一晤。

秦越人和弟子们一进宫殿，魏文侯马上起身迎接。秦越人已经年过六旬，又是名动四野的神医，因此魏文侯亲自扶他落座，礼敬有加，待如上宾。

魏文侯早已听说过秦越人的大名，知道他弟子众多，医术高超，也知道他还有两位精通医术的兄长。主宾一番寒暄过后，魏文侯直接提出一个刁难人的问题，请教秦越人他们兄弟三人谁的医术更胜一筹。

秦越人毫不避讳地承认，大哥医术最好，二哥差一些，而他的医术是三个人当中最差的。

秦越人的回答让魏文侯大吃一惊。他心想：医术最差的，竟然名声最高。难道是因为秦越人善于包装自己吗？如果真如他所说，为什么人们都夸他是"神医"？而他的两位兄长却好像没有什么大的名声。

秦家三兄弟各有专长，这也决定了各自的名气截然不同。秦越人的大哥给人治病，是在发病之前。大哥最擅长养生保健和预防疾病。在病人自己都还没有发觉生病的时候，大哥就诊断出疾病，在人不知不觉的时候就把病灶提前铲除了。所以，别人也就不认为他有什么高超的医术。其实，大哥的医术，只有秦越人家族内部的人和那些真正懂医术的人才知道，是非常了不起的。《易经》中就参透了中医的奥秘："无妄之疾，勿药有喜。"就是说如果得了小毛病，不随便用药才是上策。这其中也包含了"治未病"——提前预防的智慧。只可惜，世人看不到"治未病"的意义。病人无知地将小病拖成大病。医生也喜好从重症入手，渴望一战成名。

魏文侯饶有兴趣地听着，追问他二哥的医术怎么样。秦越人不紧不慢地呷了一口茶，接着讲他二哥的独到之处。二哥治病和大哥有所不同。他是在病症刚露出苗头的时候，就阻遏病情的发展。那时候，病情还不太严重，病人自己不着急，也不觉得有多么痛苦，二哥稍微一用药，就能把病治好。人们就觉得二哥只能治治头疼脑热的小毛病。所以，他的名气也不太大。其实，他是阻止了疾病进一步恶化，这也是很了不起的。

而秦越人治的都是重病患者，病势如猛虎。病人的病情严重，感到痛苦万分，难以自持，而其家人也都把秦越人当成救命的稻草。他们看他给病人针灸，或者在患处敷上膏药，甚至大动手术切除病灶，能让重症患者转危为安，逐渐痊愈，所以认为他的医术神乎其神。就这样，他的名声就在百姓中传扬开了。

医术上等的医生能够预测疾病蔓延的方向，采取措施预防疾病深入发展。中等的医生就没有这个本事，只能治疗当前已经发生的疾病。这也是秦越人说自己的医术远不及他两位兄长的原因。

魏文侯听了，若有所悟，接着向秦越人请教"治未病"是否比"治已病"更重要。

依秦越人之见，"治未病"和"治已病"都很重要，只是两相比较的话，应该首先追求"治未病"。人们一向急功近利，只对那些眼前见到的立竿见影的事津津乐道，所以很多精于"治未病"的医生，得不到人们的认可。

魏文侯恍然大悟，对秦越人频频点头称许。

道家创始人老子曾经说过一句名言："治大国如烹小鲜。"治国和治病的道理也是相通的。就像渴了才去掘井，战争发生了才去铸造兵器，为时晚矣。声名在外之人不见得出类拔萃，而籍籍无名之辈很可能有经邦纬国之才。黄钟毁弃，瓦釜雷鸣，这是一个国家的悲哀啊！

世人皆知秦越人在治疗大病、重病方面医术高超，但他本人是很反对在病情严重了以后再寻医问药的。他推崇的是像长兄那样，在病灶还没有露出苗头的时候，就及时施药，驱除病灶。这种"治未病"的医学思想，直到今天在医学领域仍然熠熠生辉。

在魏国短暂停留后，秦越人和弟子们收拾好行装，准备向楚国出发。

第九章
镇巫医名扬楚国

扁鹊

秦越人和弟子们行至泰山脚下。一队人马赶来，为首之人问哪位是扁鹊，他们找"神医"有要事相求。秦越人站出来，问他们有何贵干。为首的那人立即下马走过来，自言是齐国大夫俞伯牙命他捎给秦越人一封书信和100两黄金。

信物送至，人马告辞。秦越人素来与俞伯牙没有交往，不知为何他会给自己修书。这100两黄金又是为何呢？秦越人展开书信，才知是俞伯牙的知音钟子期病重，伯牙请自己到楚国去为钟子期治病。

秦越人为俞伯牙和钟子期的友谊所打动，带着弟子们千里迢迢赶往楚国汉水之阳马鞍山（今湖北省汉阳新农乡马鞍山，还有一种说法是在今安徽省凤阳县城北的马鞍山）下。钟子期就隐居在那里。

钟子期是楚国人，自幼生活在巫术氛围中，对巫神的法力深信不疑。自从他病倒以后，任由巫神们画符、祝祷、施法，诈取钱财。他的病情就在祝祷声中渐渐加重。

秦越人师徒一路舟车劳顿，终于赶到马鞍山下。七八个巫神正在举行盛大的法事，法台上面悬挂着天神和文王像。他们一会儿轻声念诵着咒语，与天神沟通，希望天神帮助他们驱鬼、祛邪、消灾；一会儿又仰头向天神祝祷，大声高呼。

秦越人没有理会那些装神弄鬼的巫神，径直走进钟子期房里。钟子期面无血色，躺在床上一动不动，已经陷入了半昏迷状态。秦越人号过钟子期的脉，知道为时已晚，忍不住摇了摇头，眼神里满是惋惜。

秦越人在钟子期耳边轻轻地呼唤着，自我介绍是俞伯牙大夫请来的。钟子期在迷迷糊糊中听到"俞伯牙"的名字，从昏迷中醒过来。他吃力地睁开了眼睛，喃喃地喊着"伯牙，伯牙"，说话的声音很微弱。

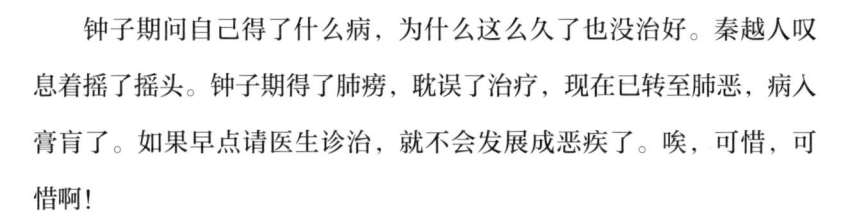

钟子期问自己得了什么病,为什么这么久了也没治好。秦越人叹息着摇了摇头。钟子期得了肺痨,耽误了治疗,现在已转至肺恶,病入膏肓了。如果早点请医生诊治,就不会发展成恶疾了。唉,可惜,可惜啊!

一听神医说无药可救了,钟子期的家人都围拢过来哭了起来。钟子期咳嗽了一阵,吐出一大口血。钟子期临终都不明白,为什么楚国最有名的巫医都治不好自己的病。夺取钟子期生命的,不是肺痨本身,而是他对巫术的迷信。

没过多久,钟子期就撒手人寰了。俞伯牙的知音已逝,高山流水又有谁听?

带着无限的遗憾,秦越人带着弟子们离开了马鞍山,从汉阳北上。秦越人痛恨巫医害人,一路上就用钟子期信巫而丧命的事例作为教训,教育当地的百姓不可相信巫医的把戏。不知不觉间,他们一行就到了楚国的宛城(今河南南阳)。

当地有一户人家,男主人得了一种奇怪的病,肚子胀得跟罗锅一样又大又圆,病情十分危急。秦越人听说以后,便不请自到。病人的妻子对这个操着北方口音的游方医生心存疑虑,后来一想:当家的病得这样厉害,多少医生都没看好,干脆就死马当作活马医吧。

秦越人一进屋,就看到病人的肚子气鼓鼓的,初步断定这是气机郁滞所致,再一号脉,就确诊无疑了。他为病人诊脉,站在他身边的妇人就在一旁絮叨着自己的丈夫如何冤。秦越人听完,也就知道了他的病因。原本,病人前段时间跟村里的王二打官司输了,一气之下就吐了血,从那以后就得了这个病了,卧床不起。尽管看了不少医生,还是没用。病人的肚子一天比一天大。

气鼓病并无大碍,只要扎一针,把肚子里的气排出来,再吃几服药就好了。病人的妻子看到秦越人神情自若、胸有成竹的模样,心中的石头也就放下了一半。

秦越人坐在病榻前,子阳取出针包刚递到老师手里。外面突然进来两个医生要砸场子。其中一个高个子医生,一见秦越人就怒目圆睁,气势汹汹地问他是从哪里来的。还没等秦越人回答,另一个矮个子的医生就盛气凌人地质问秦越人药有多少种、病有多少宗。

听他们的口音,秦越人就知道这两个人是本地医生。看他们蛮不讲理的样子,秦越人猜想他们可能是到处诈财的庸医。秦越人站起来,挺直腰背,整理了一下衣衫,然后不慌不忙地自我介绍道:"我是从齐国卢邑来的医生,叫'秦越人'。人们都叫我'扁鹊'。今天路过此地,特来为这位病人治病。"

高个子医生也听说过"神医"扁鹊的大名,没想到今天遇见真神了。他故意清了清嗓子,强作镇定,说秦越人是假托"神医"之名,到处骗财的庸医。

秦越人哈哈大笑,接着说:"你们问我世界上药有多少种、病有多少宗。八百零八种药对八百单八种病,不是一成不变的,必须因人而异、因病而异,灵活运用。我给人治病,讲究药针并用,这比知道药有多少种、病有多少宗更重要。近来我听说,很多虚头巴脑的庸医,用没有炮制过的药给病人看病,坑了人家的钱财,又延误了病情,最后把人给治死了。二位医家医术如何?今天不妨由你们来给这位病人治病,要是治好了,我拜你们为师。"

听秦越人说得头头是道，那两个庸医就知道碰上行家了，哪里还敢班门弄斧。两庸医赶紧连连作揖，谦恭地向秦越人请教。

秦越人让子阳在病人腹部轻轻地按摩，又让子豹在穴位上扎了一针，帮助病人排出肚子里积攒的气体。病人当时就感觉病好了六七分。之后，秦越人和弟子们针药并用，把气鼓病完全治好了。

那两个庸医看得目瞪口呆，就对秦越人的医术佩服得五体投地。秦越人看他们粗通医理，便嘱咐他们："医德比医术更重要。"

那妇人对秦越人万分感激，拿出家里下蛋的老母鸡和一包钱币送给他。秦越人百般推辞，只让子阳收了两枚钱币就离开了。

秦越人带着弟子们在宛城一带行医，不仅会在熙熙攘攘的城邑行医，也会到人迹罕至的深山孤村行医。他们走到哪里，就在哪里采集药草。在偏远的深山老林，草木茂盛，漫山遍野都是药草。到山上采药既能补充他们平时所用的药材，又能锻炼弟子们识药辨药的能力。

一天，秦越人带着弟子们赶着牛车，来到一个叫黄山岭的地方。那山并不很高，但树木苍郁。微风拂过，掀起层层碧浪，就像一条碧绿的丝带在风中飘摇。山下散居着二三十户人家。几处宅院依山而建，错落有致。

秦越人师徒每到一个地方，就要走访当地，询问当地的常见病情。那天，天气晴好，和风舒畅，几个百姓站在街上你一言我

蒋兆和绘扁鹊画像

一语地闲话家常。秦越人让弟子们把牛车拴到村头的木桩子上，就跟他们聊了起来。听他们说，这里有一户王姓人家，家徒四壁，老老少少又都得了伤寒。一家人只好拖着病体，听天由命。这里地处深山，穷乡僻壤，缺医少药。老百姓得了病，十有八九都得硬扛着。

秦越人听了心里十分难过。他请那位大嫂给他带路，说是去给那家人治病。

秦越人师徒跟在大嫂后面，来到一座老旧的院落。从柴门望进去，院子里一片破败的景象，毫无生气。

秦越人推开柴门，见一个中年妇女正拖着沉重的脚步，一步步挪向灶屋，准备做午饭。她一看是游方医生来了，忙要撵他们出去。没说几句话，她就急促地咳嗽起来。咳出的痰里还带着不少血丝。

秦越人看她状况很不好，悲悯地说："治病救人，是医家的本分。就是没钱也给看病。"

中年妇女一听这话，眼泪立马从她那双无神的眼睛里流了出来。她"扑通"一声跪倒在地，对秦越人千恩万谢。秦越人赶紧将她扶起来。她将秦越人径直拉到屋里。一个老妇人像一只蜗牛似的，躺在床榻的一角，"唉唉"地低声呻吟着，一头白发似乱麻一般散在枕头上。老妇人眼窝深陷，面颊污秽，像是许久都没有清洗过。

还有两个小孩，横着躺在榻上。长时间的营养不良和伤寒的侵蚀，使他们面色蜡黄，几乎没有什么血色。

原来这个中年妇女的丈夫早年间就战死了，她的公公也在多年前得了痨病死了。家里只剩下一个婆婆和两个年幼的孩子。全靠这个中年妇女一个人支撑着全家老少的生计。如今，一家人都得了病，日子过得十分艰难。

看到这家人的惨象，秦越人心头一颤，赶紧放下药箱，指挥弟子们帮助他们烧水、做饭、熬汤、煎药。

多亏秦越人师徒的悉心照料和治疗，这一家人的病才慢慢好转。乡亲们听说这家来了几位神仙，用仙丹把伤寒给治好了，都赶来一睹仙容。他们师徒一连住了48天，这户人家才彻底痊愈了。这户人家扶老携幼，跪谢秦越人的搭救之恩。

时下已到了寒冬腊月，漫天大雪纷纷扬扬下了一整夜。厚厚的积雪封住了出山的唯一一条小路。秦越人就和弟子们索性住了下来。村子里凡是有个头疼脑热、腰酸背疼的，秦越人略施药石，就药到病除了。秦越人和村里的人家结下了深厚的情谊。

来年三月，秦越人带着弟子们离开村子。全村老少个个含泪，不约而同地前来相送。

秦越人回头向村里人挥挥手，便匆匆离去，消失在了绿意渐浓的山谷中。

冬春之交，气温变化大，人们容易被风寒邪气入侵，头痛、发热、咳嗽、腹泻等疾病多发。秦越人师徒就走得慢了，给沿途的百姓配点药草服用，避免风邪入体。沿途的百姓没有不夸他们的。

到六月上旬，他们师徒来到一个叫石鼓寨的地方。晌午时分，太阳已经有几分毒辣，阳光直射下来，晒得每个人身上都汗涔涔的。袅袅炊烟从附近人家的房顶上慢慢地升腾起来，有灰色的，有白色的，越往上走越稀薄。一缕缕人间烟火，最后在长空里弥散开来。

石鼓寨里，有一个姑娘，面如土色，瘦得皮包骨头，每日茶饭不思，就喜欢吃墙上的黄土。一开始吃得少，到后来越来越频繁，每天都要吃土。她的父母膝下只此一女。为了给她治病，他们就像无头苍蝇一样，到处打听哪里有名医。只要有一线希望，他们就是砸锅卖铁也在所不惜。他们变卖了家产，找了很多医生，用名贵药材熬的汤药不知道喝了多少，可是女儿的病就是不见好。

当地人不了解其中的缘故，瞎传小姑娘是被妖魔缠身了，才会得这种奇怪的病。一时间，这个说法在当地不胫而走。

那天，正好秦越人和弟子们游医至此，姑娘的父母听说秦越人是"神医"，觉得自己的女儿还有一线生机，于是赶紧把秦越人请到家里，准备饭菜款待秦越人。

秦越人心系患病姑娘的安危，顾不上吃饭。秦越人认真观察，断定那姑娘肚里有虫，不是什么妖魔附体。他开了一张方子给姑娘的父母，嘱咐他们这几味药一定要用文火煎两个时辰，每日服用三次，连服三日。

扁鹊画像

姑娘的父母照着秦越人的话去做了。3天后，姑娘的病果然好了。她的父母逢人就夸秦越人的大医仁心。

秦越人从行医那天开始，就听闻远方的秦国良医辈出，一直心向往之。秦越人带着弟子们离开了楚国，继续北上，准备去秦国。

第十章
大医仁心济幼老

战国时期，秦国是最靠西边的一个国家，在经济、文化等方面都比较落后，一直被东方六国瞧不起。

子阳从没有怀疑过老师的决定，可是这一次子阳却面露忧色，对老师前往秦国的决定心存疑虑：秦国医学那么发达，医术精湛之人大有人在，去秦国是否会无立足之地。

秦越人似乎看出了子阳的疑问，正色道："行医之人有仁德之心是极为必要的。此外，精研医术，与同行切磋技艺，也是必不可少的。秦国虽然地处西陲，但是良医辈出。到秦国不正可以跟优秀的医者交流经验，精进医术吗？"

子阳也曾听说秦国有着良医传统，只是不知道其中的缘故。其实，秦国对国计民生有实际用处的事业向来是鼓励的。医学关系到人们的身体健康，而百姓身体素质又关系到军队素质，所以秦国历代统治者都积极支持和鼓励医学的发展。即便在焚书坑儒的时候，儒家经典遭到灭顶之灾，但医药之书不在焚烧之列。每年年终，秦国还要考核医生们的绩效：凡病都能诊断清楚的，为上等；有十分之一不能诊断清楚的，为次等；有十分之二不能诊断清楚的，又次一等；有十分之三不能诊断清楚的，再次一等；有十分之四不能诊断清楚的，为下等。根据一年的成绩确定医者的俸禄。东方六国的医者前往秦国学习精进医术者不计其数。

秦越人早在赴秦之前，就对秦国医界的两位前辈——医缓和医和钦佩之至。晋景公身患重病，国内的医生均没有治愈的良方，只好向秦国求医。秦桓公就委派医缓到晋国为晋景公疗疾。医缓诊断之后，确诊晋景公得的是不治之症，第一次提出"膏肓"的概念，说是病情到达膏肓（膏肓处于胸和腹之间）这个部位，那就没有治愈的希望了。这种实事求是的态度和秦越人所秉承的实事求是的宗旨，同符合契。秦景公时，秦国良医医和是秦国医学的集大成者。晋平公有病，向秦国求助。医和被派到晋国去治病。经过诊断得知，晋平公的病情是纵欲无度导致的。医和第一次将大自然的"阴、阳、风、雨、晦、明"六气引入病例分析当中，他认为人的一切疾病皆因为六气失和。

秦越人与医缓、医和神交已久，如今能够来到良医的国度交流切磋，是莫大的荣耀。在战国争雄的大潮里，秦国不甘落后。商鞅变法，把贫弱的秦国变成了一个富强的大国。秦国像一头雄狮，傲居于六国西首，一举一动都让东方六国心惊胆战。

秦越人和弟子们来到咸阳城（在今陕西省咸阳市东北），被咸阳的万千气象所震撼。一条笔直的大道贯通南北。咸阳城南临渭水，北倚九嵕山，"咸阳宫阙郁嵯峨"。宫室楼台气宇非凡，在落日的余晖中，显得壮丽而肃穆。街巷纵横有序，房屋鳞次栉比，街道两旁的客馆旅社各安其业。这里的民风民俗，与齐、鲁、魏诸国的不同。人们生活殷实，夜不闭户。秦国法律严明，投宿客馆必须要有凭证。秦越人带领弟子到内史府开具了凭证入住，开始考察秦国的常见病症。

先秦时期，由于医疗水平的落后，新生儿死亡率比较高，人们更加珍视自己的孩子。为了补充兵员，秦国人非常重视幼童的健康问题和成长状况。家里有幼儿出生的，都会请巫者占卜。倘若生出一个身体残缺的婴儿，家人也只好在以泪洗面中接受现实。秦国有一条法律规定，如果新生儿身体长着异物，或者残缺不全，父母将其杀害不违法。这让长久接受礼乐文明的秦越人很不解。他觉得这样的法律太残忍了，对幼儿也是不公平的。他行医几十年，始终谨记老师长桑君的嘱托——作为医者，不能抛弃任何一个人。

秦越人将弟子们叫到跟前，表明了自己在秦国的行医重心——通过自己的医术，治疗先天残疾婴儿和患病儿童，关爱幼儿的健康成长。

客馆门前是一条宽阔整洁的大街，两旁店肆林立，悬挂着各具特色的招牌。秦越人找来一块木板，亲手写上"齐国郎中，专治小儿杂症"，让弟子们立在客馆门前。这几个漆黑的大字，立即引起了行人的围观。一炷香的工夫，人们就把门口堵了个严严实实，七嘴八舌地议论这个郎中是不是骗子。

牌子摆出去几天，也没人来应诊。秦越人就带着子阳外出巡诊。他们经过一户人家，听到那家的孩子哭闹不止，显然孩子病得很重。子阳跟孩子的母亲说明来意。秦越人趁孩子安静下来的时候给他把了脉，又摸了摸孩子的肚子，知道病童没什么大碍。孩子得的是伤寒，只是因为没有得到及时的治疗才耽误了病情。现在病邪入里，吃几服药，稍加调养，通通大便，两三天就可痊愈。

秦越人一边念着药名和剂量，子阳一边在竹简上记下，然后交给孩子的母亲。孩子的母亲千恩万谢，拿出诊金来。秦越人看到他们家一贫如洗，怎么也不肯收诊金。秦越人临走时嘱咐孩子的母亲，两天以后，要是孩子还不见好，就抱着孩子到广来客馆找他。

孩子吃了秦越人的药，两天以后病果然好了。孩子的母亲逢人便夸秦越人医术高明。一传十，十传百，人们都知道广来客馆里住着一位专治小儿病症的"神医"。有患病的孩子都排队等着就诊。

每个患病的小儿来看病，秦越人都会先询问有何症状，然后再切脉、望色等。一个老奶奶牵着孙子来看病，引起了秦越人的注意。这个

扁鹊医治小儿

小男孩8岁了，面色萎黄，精神不振。秦越人打眼一看孩子的面色就知道情况不妙：他看上去比同龄的孩子要矮小许多。老奶奶一见秦越人，就开始抹眼泪，哀求"神医"救救她可怜的孙子。孩子的母亲生下他就死了，是老奶奶一个人把他拉扯大的。孩子常年尿床。这么多年来看的郎中不下几十个，但是仍没治好。秦越人心中明白了几分，初步判断病童是先天不足，脾肾虚弱。诊脉之后，果然如他所料。秦越人开了几味药。孩子照方吃药。果然，3服药喝下去，孩子遗尿的现象就减轻了，精神也好了很多。孩子又服了7服药，食欲大振，遗尿现象也彻底消失了。孩子的奶奶喜极而泣，直呼自己真是碰上"神医"了！

秦越人给老百姓看病，从来不开贵重药材，开的都是寻常药草。每个病人收一二两钱。要是遇到家里穷的病人，就把诊金免了。日复一日，秦越人给无数病儿治好了疾病。在秦国，人人都知道从齐国来了一个"神医"，专治小儿杂症，医术高明。

秦越人师徒在咸阳待了1年的时间后，起身前往洛阳。

从西周的成王时期，周公就已经开始营建洛邑（今河南省洛阳市）。到周平王时，经过数百年的发展，洛阳已是天下的政治、经济和文化中心，有着丰富的档案和文化典籍。洛阳是四方辐辏之地，是交通和商业贸易的枢纽。孔子就曾经从鲁国一路风餐露宿、风尘仆仆地来到洛阳学习文化。道家创始人老子还在洛阳当过皇家图书馆"典藏室"的管理员。

秦越人见多识广，透过洛阳城繁华的表象，一眼就看出了内在的问题。很多老人坐在洛阳的街巷上，观街景，晒太阳。秦越人给弟子们讲东周的尊老传统。古人很早就意识到，男子在60岁以后，齿豁头童，老态必现,身体状况大不如从前。官员们过70岁就要退休了,老百姓中那些德高望重的长者,国家均把他们安排到官学里去养老。周天子定期到官学里看望老人,行养老之礼。常言道:"人之行,莫大于孝。"普通人家,老人50岁以后,不用再服徭役;老人60岁以后不用再服兵役;老人80岁以后,国家允许他的一个儿子不必服徭役和兵役,在家给老人养

扁鹊医治老人

老；老人90岁以后，全家都不用服兵役和徭役。弟子们恍然大悟，只是他们不明白尊老传统跟行医有什么关系。秦越人没有直接回答问题，而是让子仪去问问那边的老人附近哪里有客馆。

子仪径直走到一位老伯身边，躬身作揖，恭敬地询问附近哪里有客馆。那老伯没有听清子仪的话，就招起耳朵，让他再说一遍。子仪又大声问了一遍，老伯才听到了七八分，给他们指了方向。

弟子们这才恍然大悟，明白了秦越人的用意。原来，人到老年就易发眼花、耳背、鼻病、牙齿松动脱落、腿脚发麻等疾病，遭受很大的痛苦。可是，老年人又常常被医家忽略。到目前为止，还没有听说过有医家专门研究老年疾病的。秦越人师徒既然来到这里，看到了老年人的常见病症，就应该用心研究老年疾病，帮助老年人减轻痛苦。

到客馆安顿好以后，他们就投入对老年病的研究当中。秦越人针对老人腰腿酸麻、行动不便的生理特点，采用按摩、针灸等手法，为他们舒筋活络，使病症得到好转。看到不少老年人视力听力衰退，秦越人就下决心在五官科疾病上下功夫。秦越人认真钻研病理，精心配制草药。在他的诊治和调理下，不少老年人耳聋目眩的症状得到了很大的改善，

扁鹊针灸图（《微山汉画像石选集》）

很快，十里八乡都知道有个游方郎中专治老年疾病。

秦越人和弟子们在洛阳逗留了一段时间，为很多老年患者治好了痼疾，人们对他感恩戴德。

秦越人带着弟子们云游到今天的伏牛山南的卢医庙乡一带。在战国时期，这里是沼泽低洼地，病疫频发，老百姓苦不堪言。水中滋生了大量的蚂蟥，人畜误饮，纷纷吐血毙命。一时之间，人人谈"蚂蟥"色变。城里有个姓魏的财主，喝了从河里打来的水后，发现碗底有一条蚂蟥，吓得面如死灰，半天说不出话来。碗底的那条蚂蟥成了他的一个心病。他以为自己误饮了蚂蟥，命不久矣，终日战战兢兢，肚胀胸闷，病情延宕了1年多。名医请了不少，开了各种驱虫的药，都不见效。巫婆也请了不少，又是作法、又是驱虫，结果病也没有好转。家人都急坏了。

秦越人和弟子游医至此，在魏财主的村子里住了下来。秦越人得知魏财主得了怪病，便登门诊治。没想到魏财主一向只从城里请名医，根本信不过从外地来的郎中，就让家人把他们打发出去了。

后来，村里有个姑娘在纳鞋底的时候，用牙咬针，一不小心把针咬断了，针头直接插到了喉咙里。谁也不敢把断针弄出来，生怕不小心反而把断针弄到肚子里去。姑娘危在旦夕。秦越人略施手术，就把断针取了出来，接着给她开了几服药，以防止伤口感染。

村里人都传开了，说秦越人医术高明。魏财主听说以后，知道秦越人绝不是庸医，这才把他请到家里。秦越人完全没有将前事放在心上，而是认真地询问起病人的情况。秦越人心想，魏财主肚子里十有八九没有蚂蟥。如果真有蚂蟥，魏财主早就吐血身亡了，根本不可能撑1年多。他又给魏财主号脉，发现魏财主心脉细沉，显而易见得的是心郁之症。

他断定魏财主身体的种种不适都是神思忧虑所致。不过，秦越人告诉魏财主，他的肚子里有两条蚂蟥，吐出来病就好了。

秦越人先让子阳给魏财主开了两服益气补中的药，调理一下身体。3天后，又让他饱饮流食一顿，而后服用催吐的汤药。

服药之前，秦越人让魏财主家人瞒着他到河里捉了两条蚂蟥。又找来一个大盆，让魏财主吐在盆里。趁魏财主不注意，把那两条蚂蟥扔进盆里。吐完以后，魏财主发现盆里的呕吐物中果真有两条蚂蟥。自此以后，魏财主放心了，食欲大增，容光焕发。

魏财主和家人拿了厚礼去答谢秦越人，却发现他们已经走了。魏财主对家人说："秦越人真是神医啊！"

秦越人先后游历齐国、赵地、虢国、楚国、秦国、周都。他带着弟子们为人们治病，同时也在考察天下医学。现在他已经是七八十岁的老人了。在洛阳行医后，他打算东去还乡。不过他想在归乡之前再度赴秦。据说，在秦国的土地上，生长着2000多种中草药，这一切都令医家心向往之。

第十一章
险象环生逝秦国

扁鹊

秦地一直就有着"秦地无闲草，秦国多名医"的美誉。扁鹊和弟子们上次来秦国，将很多精力放在了病儿身上，没有仔细考察秦国的医药情况。如今秦国的国君是秦武王，19岁即位，血气方刚，平素又好勇斗狠，易听信谗言。不过，他大开国门，招徕各国的贤才名士赴秦。一时之间，韩国、魏国、齐国、楚国、赵国等国的贤士，都浩浩荡荡地来到了秦国。秦越人第二次赴秦国正是这一时期。谁也没想到，这个距离秦越人的家乡有上千里之遥的秦国，成了他生命中的最后一站。

夜幕下的咸阳城格外安静。秦越人伴着鼾声早已经进入了梦乡。他还不知道，他高明的医术将要把自己拽入危险的漩涡里。因为，就在那嵯峨的咸阳宫中与他有一墙之隔的，是在秦国经营多年、赫赫有名，但却狭隘好妒的太医——李醯。

李醯是个心胸狭隘的人，对权力极其痴迷。他是个医者，本应该将仁心仁术放在首位，但他却把地位和权力看得比医者仁心更为重要。大秦国中，王宫之内，所有与医药相关的事务，都由李醯说了算。对于李醯而言，他熬了多少年，才爬到太医令的位置，其中的心酸只有他自己知道。如今他风头正劲，独领风骚，醉心于权力给自己带来的荣耀感而无法自拔。

可是，居然从千里之外的齐国冒出来一个"草泽之辈"，这个人还在老百姓那里积攒了一点好名声。秦越人上次来秦国的时候，李醯就已经听闻他的本事。李醯曾经乔装打扮到秦越人住的客馆门前，混入就诊的病人当中，听过太多人们对秦越人的称赞。他对这个不识趣的外乡人充满了敌意。不过，好在国君没有注意到这个人的存在，秦越人在民间再有名声，对自己也构不成威胁。

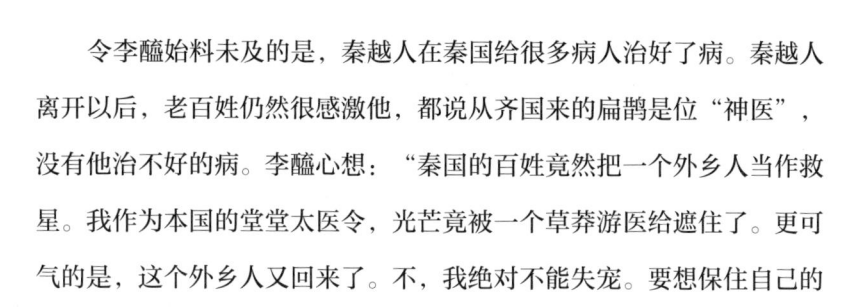

令李醯始料未及的是，秦越人在秦国给很多病人治好了病。秦越人离开以后，老百姓仍然很感激他，都说从齐国来的扁鹊是位"神医"，没有他治不好的病。李醯心想："秦国的百姓竟然把一个外乡人当作救星。我作为本国的堂堂太医令，光芒竟被一个草莽游医给遮住了。更可气的是，这个外乡人又回来了。不，我绝对不能失宠。要想保住自己的地位，就必须将这棵'野草'连根拔起。"

秦越人和弟子们带着最大的善意来到秦国，迎接他们的却是最大的恶意。这一次，他们没有在咸阳城的旅馆里落脚，而是来到乡间行医。很多老百姓听说"神医"扁鹊回来了，不论有病没病的，都纷纷邀请秦越人来家里留宿。

原本秦越人和李醯走的是两条不同的路：秦越人不愿做官，一心扑在医术上，泽被民间；而李醯走的却是做官的路子，当医生只是他谋取富贵利禄的工具罢了。

让李醯恐惧的事终于发生了，秦越人的名声传到了秦国国君的耳朵里。秦武王久闻秦越人大名，早有拜望之意。听说来自东方的"神医"不远万里来秦国，秦武王非常高兴，就特派使者邀请秦越人到王宫里一晤。

秦武王脸颊上生了痈疽，宫里的太医都没有办法根除。恰巧秦越人此时来到了秦国。秦武王心里打着小算盘：秦国素来以良医之国著称，如果连国内的太医都治不好寡人的病，天下还有谁能扭转乾坤呢？早就听说"神医"扁鹊誉满天下，如今可以试他一试。如果他没有回春之术，那正好可以挫挫他的风头。

秦越人应约前往。此时的他已是90岁的高龄了，身形清瘦，走起路

《战国策》中对扁鹊医秦武王的描写

来颤颤巍巍。秦武王见秦越人一头霜雪，眉毛斑白，眉宇间一股清气，果然有大医风范，不由得对他肃然起敬。秦武王起身迎接，躬身行了一个大礼。秦越人自度不过是一介村医，当不起如此大礼，就躬身还礼。

秦武王向秦越人请教治痈疽的良方。大殿里的文武百官和太医们，一听国君要让一个江湖郎中为他治疗，瞬间就炸了锅，议论声、唏嘘声响成一片。

最难受的是太医令李醯，他的心头就像点了一把火似的，焦灼不安。他赶紧劝阻秦武王。大臣和太医的劝阻不是没有道理。武王的病灶正好在耳朵之前，眼睛之下，倘若诊治不好出了差错，很容易耳聋目盲。再说，在文武百官和太医们的眼里，秦越人只是个江湖郎中，他的医术多半是自己吹嘘出来的，不足为信。武王龙体尊贵，岂能让一个江湖游医随意诊治呢？

听了群臣的话，秦武王举棋不定，不知道该不该相信秦越人的医术。

秦越人当然知道，病灶在耳目之间不好诊治。秦越人也明白，李醯是害怕秦越人治好了秦武王的病，威胁到他太医令的地位，所以百般阻拦。而那些庸医们不过是看李醯的脸色，跟着起哄壮声势罢了。

看到秦武王脸上疑云密布，秦越人毫不客气地将他斥责一番。毕竟在治病救人方面，秦越人是内行，而武王的群臣是外行。如今武王召他来治病，却又听凭一群外行在这里七言八语，干扰治疗。秦越人对武王的用人之道和治国之术不敢苟同。他认为秦武王如果就是这样治理国家的话，那么秦国将会有亡国的危险，自己还是速速离去为好。说完，秦越人就将治病用的砭石掷于地上，扬长而去。

秦武王被秦越人的一番话噎得瞠目结舌，内心不悦。不过自秦越人走后，秦武王越想越觉得秦越人的话有几分道理，最后决定让秦越人一试，且看功效如何。如果他是个误人的庸医，再惩治他也不迟。

秦武王派来使者，在都城郊外的一座村子里找到了秦越人，他正在给一个患头痛的孩子治病。使者向他表明了自己的来意和武王的诚意，然后双手奉上武王封赏的100两黄金。孰料秦越人连头都没有抬，直接摆摆手回绝了。他不是见死不救，而是对秦武王的病无能为力。他知道武王的病不在脸上，而在心里。无论是什么病人，君王也好，百姓也罢，如果不信任医生，不配合治疗，那么就算是医生有回天之术，也无济于事。

使者悻悻地回宫复命。秦武王又派了一拨使者，几番劝说，秦越人才肯二度进宫。他给秦武王切了脉，然后开了两味极寻常的药，令子阳

扁鹊医治秦武王

研磨后敷在秦武王的伤口处，又嘱咐了宫人们煎药、敷药的注意事项。

李醯很不以为然。武王先前吃了那么多名贵药材，病情都未见好转。秦越人只开了两味再普通不过的药，显然就是在糊弄武王。李醯就在武王耳边煽风点火，指斥秦越人不过就是个走街串巷的杂牌郎中，劝诫武王谨慎用药。

秦越人淡定自若。《易经》上说："无妄之药，不可试也。"就是说与疾病不对症的药物，不可用在病人身上。正所谓药不分贵贱，对症即可。再名贵的药材，如果不对症，那也是白费。武王正是因为吃了大补的药，药不对症，导致阳火过剩，痈疽才久治不愈。

李醯仍疾言厉色，威胁秦越人，武王要是有个三长两短，随时可以取秦越人的项上人头。子阳听了这番威胁的话，心内极其不悦，正要回击，被秦越人拉住了。

没过多久，困扰武王多年的旧疾终于治愈了。连秦国太医令都医治不好的疾病，到了秦越人手里竟能药到病除。秦武王对秦越人青眼有加，奉为上宾。李醯自然就被冷落在一旁。

武王有心聘请秦越人为太医令，这好比在李醯的心里投下一块千斤重的巨石。愤怒的巨浪顿时在李醯心头翻腾起来。"秦国素以医学昌明著称，要是让一个外乡人来掌管太医院，传出去岂不是有损大秦盛名？"他努力将这股怒海狂浪压制住，故作平静地劝阻武王。

秦越人自知李醯心存怨恨，容不下自己，再加上自己本来就志不在官府，就顺势委婉拒绝了武王的美意。

如今的秦国早已不是那个让东方六国轻视的蛮荒之地。多少士子涌进秦国，就为了搏一个大好前程。秦武王没有料到秦越人会拒绝，因此心中十分失落，也备感惋惜。不过，秦武王也从中看到了秦越人不慕虚名，只想以仁心仁术济活苍生，颇有大家风范。秦武王自知挽留不住秦越人，便以重金酬谢。李醯仍然感觉到秦越人正在一点点将自己挤下权力的巅峰，只要他还在秦国，自己的地位就会受到挑战。

一个月后，秦武王不慎受伤。原来，秦武王身材魁梧，勇力过人。

宫里豢养着很多能够拔山扛鼎的力士。有一天，闲来无事，秦武王跟力士们进行举鼎比赛，不慎伤到了腰，疼得眉毛都快拧成一团了，坐也不是，站也不是。

太医令李醯率众太医赶来诊治，秦武王腰部的疼痛不但没有减轻，反而更严重了。太医们都束手无策。秦武王勃然大怒，大骂太医"废物！"，差人去寻找秦越人。

这次李醯再也找不到理由阻拦秦越人进宫了。如果李醯的医术精湛，秦武王还会越过李醯，转而向秦越人寻求良方吗？

秦越人来到秦武王病榻前，只把了下脉搏，就指导弟子子阳做腰部推拿。秦武王立马就感觉腰痛舒缓了不少。这一切李醯都看在眼里。秦武王的病在李醯手里，是久治不愈；到了秦越人手里，竟能化险为夷。秦越人又开了服药。秦王服用后，病情一天天好转起来。

嫉妒的火焰在李醯的内心熊熊燃烧，一个邪恶的念头浮上他的脑海……

走出秦王宫后，秦越人忧心忡忡。"同行是冤家"，这一点秦越人心知肚明。如今他们在秦国危机重重，不如离去。事不宜迟，秦越人和弟子们趁天还未亮，打点好行装，准备离开秦国。

秦国虽然地处西陲，但广袤的秦岭有上千种药物。子仪资质聪慧，悟性颇高，对药物最有研究。他建议老师东归之前去秦岭考察一番。秦越人也正有此意。他们一行人计划穿越秦岭，然后折回关中，最后取道骊山北麓东归。

秦越人带着弟子们穿越秦岭。山上遍地都是药草，一脚下去，就能踩倒好几棵，让他们直呼不虚此行。子仪素好草木虫鸟之学，如今一

秦　岭

头扎进秦岭，如鱼得水。在老师的指导下，弟子们辨别药草的气味、色泽、高矮、性状，在秦岭上逐渐丰富了药草方面的知识。

时间过得真快，秦越人带着弟子们穿过秦岭，南下来到城固，到太白山采药。他们采满了一大筐药，累了就坐在小河边的石头上休息。突然，子阳发现河里有一条黑蛇。秦越人摘下草帽，顺着子阳手指的方向看去，果然是一条黑蛇，而且还是毒蛇。正说着，从前面走来一个樵夫，打柴走累了到河边歇歇脚。

樵夫捧起河里的水就喝，秦越人赶紧劝阻。樵夫对他的话满不在乎。等喝够了水后，他就从褡裢里拿出几瓣大蒜吃了下去。这就是解毒之法，也是老百姓在生活中提炼出来的智慧。

秦越人由此联想到预防疾病比治疗疾病更加重要。等他回到村上，就通过防治结合的方法，制止了村里瘟疫的扩散和流行。老百姓感念他的恩德，就在他当年歇脚的地方建了一座"扁鹊观"。

秦越人带着弟子们在城固停留了一段时间，然后折回关中。途径临潼时，他们找到一家简陋的旅馆住下来，打算歇歇脚再走。谁也没想到，李醯早已准备好利剑在等着他们。

秦越人躺在榻上，想起几十年的漂泊，他把一生都奉献给了杏坛医海。越是到了老年，越是时常梦到千里之外的故乡。对于秦越人来讲，回家的路是很难走的。一路上走走停停。只要有病人需要他，他就要停下来，直到把病人治好了，才动身前往下一个地方。

就这样，他们在临潼一边歇脚，一边给人们看病。闲暇之余，秦越人就整理、总结自己的行医心得。由他口述，弟子们轮流执笔，终于将心得体会整理了出来。

那天，日落西山，旅馆里还有两三个病人。子阳一看能用的药材已经不多了，打算趁天还没黑，跟子豹到附近的山上去采挖一些。他们来到秦越人跟前请示，秦越人一边给病人切着脉，一边捻着胸前雪白的长须，嘱咐他们快去快回。秦越人让正在磨药的子仪跟他们两个一起去，好多采些药。

秦越人送走最后一位病人，旅馆重新恢复了宁静。他借着昏黄的灯光研究多年以来记录的病历。

早就埋伏好的刺客看到四下无人，就装作农夫，前来刺杀秦越人。

门外传来摇鼓似的敲门声，还夹杂着一阵紧似一阵的呼救声，秦越人赶紧站起身来开门。来人是个农夫打扮的高个子男子。一见到秦越人，来人眼泪就扑簌簌地往下落，"扑通"一声跪下，说自己的妻子突发急病，乡里的郎中们都说没救了，求他前往诊治。

秦越人吹灭灯火，关好门，就跟着来人往病家走去。

扁鹊整理医案

　　来人在前头引路，步履匆匆地出了镇子。大约走了两盏茶的工夫，他们就走进一片黑森森的树林。等到进了树林深处，那人却不见了踪影。月光从密不透风的树叶间射进来。突然，一个高大的身影"嗖"地一下从秦越人眼前闪过。等秦越人定睛再看时，那身影又一下子消失了，眼前只剩下一片昏暗。秦越人心头兀地一紧。

秦越人正要招呼那人，话还未出口，刺客就已站在身后，举起了寒光闪闪的利剑，从背后刺入秦越人的胸膛。刺客抽出剑，秦越人踉踉跄跄地走了几步便倒在了血泊里。

杀秦越人的人就是请他出诊的农夫。心狠手辣的刺客，还残忍地一剑砍下了秦越人的头颅，拿回去兴冲冲地向他的"主子"复命受赏。可怜一心救苦救难的秦越人惨死在同行手里。一代医圣，从此陨落。

李醯自以为这一切做得神不知鬼不觉，但是阴谋诡计总有一天会败露。

秦越人早就成为老百姓心目中的神灵。他被杀的消息很快传遍了列国，老百姓闻之无不悲号痛哭。

秦越人一生两度赴秦国，秦国的许多百姓受过他的恩泽，感念他的医德仁心，听说李醯派刺客将"神医"残忍地杀害，都对李醯恨之入骨。

一天，李醯乘坐马车经过咸阳城时，一个小伙子认出了他，高喊："就是他！就是他杀了扁鹊！"周围的老百姓挥舞棍棒，将李醯团团围住。李醯哪里见过这等阵仗，吓得面如土色。要不是他的随从拼死保护，他早就成为棍下之鬼了。李醯躲过了百姓的挞伐，却被历史永远地钉在了耻辱柱上。

第十二章

一代医圣归鹊山

敛恨赴冥途，英魂归何处？造福百姓的"神医"惨死在秦国。他的尸首埋葬在哪里呢？

从山东到河北、山西、河南、陕西等地，都流传着秦越人云游行医的传说。若把这些地名串联起来，就能勾勒出一幅扁鹊行医图。沿途有许许多多以扁鹊命名的山岭、村落和寺观等。仅其墓穴，就坐落在河南汤阴、河南开封、河南郑州、山西虞乡、陕西临潼、河北神头、山东鹊山等许多不同的地方。扁鹊墓成为这几个地方的文化名片，每年都吸引着无数医者和游客来此瞻仰。

"神医"让那么多病人"起死回生"，如今谁能让"神医"死而复活呢？秦越人收了十多个弟子，最后陪在他身边的就是子阳、子仪和子豹，其他人都开门立户出去行医了。

弟子们想要运回师父的遗体，扶柩东归。秦王自知愧对神医，无法向百姓交代，决意在秦国以王礼厚葬扁鹊。无论弟子们怎么请求，秦王就是不肯让他们运走秦越人的遗体，执意要把"神医"安葬在秦国。

陕西临潼扁鹊墓

虢太子和蓬山老百姓实在没有办法,就把秦越人的头颅悄悄地偷了出来,一路跋山涉水,回到蓬山脚下安葬。原来的村庄于是改名为"神头村"。

由于秦越人身首分离,秦武王为他铸造了一个金头,安放在遗体上,并为他建造了高大的陵墓,举行了盛大的葬礼。如今,咸阳城的扁鹊墓仍然存在。

许多地方的老百姓受到秦越人的大恩德,就在他云游行医经过的地方,自发地建起了扁鹊庙、扁鹊祠。有的地方还为他建起了衣冠冢或遗物冢。

在秦越人的家乡齐国卢邑城,老百姓就在秦越人炼丹修道的鹊山脚下,建了一座衣冠冢,以表对神医的思念和敬仰。神医命断他乡,魂归故里,这是济南人民对"神医"最真挚、最朴素的敬意。

不少老济南人都知道,鹊山脚下有一座扁鹊墓。从济南市区驱车到鹊山,大约有26千米。鹊山坐落在黄河北岸。过了泺口浮桥,就越过了

鹊山村落

黄河。过黄河后，向前1.4千米，就来到东西向的大坝。站在大坝上望鹊山，发现鹊山蜿蜒有致，从东南向西北折去。扁鹊墓就安卧于鹊山由东南拐向西北的拐角处。

沿大坝一路走，北侧沿途依次安卧着鹊山北村、鹊山南村、鹊山西村和鹊山东村。几个村子里至今还流传着许多关于扁鹊的传说。

鹊山南村建了一个社区大舞台，是村民举办文娱活动的地方。这里矗立着医圣扁鹊和至圣先师孔子的雕像，两位圣人两侧有"二十四孝子"相伴。"神医"扁鹊世世代代活在老百姓的心里。

到鹊山东村，从大坝下去，沿着一条小径往里走，拐两个弯，到达路旁一户独立的农家小院。院子后面矗立着扁鹊的雕像。雕像高约4米，基座是一方石台（有1米高）。石台前面是小篆体写的"神医扁鹊"四个字，石台后面则阴刻着秦越人治病救人和炮制草药的场景。扁鹊身着华服，身形清瘦，看上去精神矍铄，慈眉善目。他既没有仰视，也没有平视前方，而是向下看着，好像是在体察民间的疾苦。笔者去瞻仰千古神医扁鹊墓的时候，正是盛夏时节，林木葱茏，草长得足有人高。扁鹊雕像就掩映在浓密的树荫草影之中。

扁鹊墓原本只是一方土丘，高约1米，封土直径约5米，呈圆形，墓顶覆盖着松软的黄土。村里的老人们讲，封土原本很高，只是后来一次次加高院落，墓便矮了下去。冢前竖立着一块石碑，高约1.6米，宽0.55米。这块石碑是由盐运司商人张文茂于康熙三年（1664）所立，上面的碑文依稀还能辨出"春秋卢医扁鹊墓"的字样。乾隆十八年（1753）又进行了重修。扁鹊墓前原有钟、鼓二石，撞击时发出钟鼓的声音，可传扬数里。

扁鹊、孔子雕塑

乾隆四十五年（1780），诗人黄景仁移家南还，途经济南，游览了华山、鹊山等名山，曾作一首七律《望鹊山》："蓝舆出郭二十里，向客一峰如鹊起。传闻中有扁鹊墓，草木至今犹未死。禁方一卷世不存，地上多是强死人。祖洲大药不可得，令人长忆长桑君。"诗中表达了对秦越人及其师父长桑君的怀念之情。

1995年，济南市政府对扁鹊墓进行了整修，在墓基周围用水泥砌了一圈，保护了起来。墓顶也用水泥覆盖起来。现在的扁鹊墓，封土约有2米高，直径约8米。土丘墓顶上的花草，已被"雨打风吹去"了。1995年12月20日，济南市人民政府公布，"扁鹊墓"为第二批市级保护文物。

以前，鹊山村的人们都称扁鹊墓为"神仙坟"。在2000多年前，鹊山脚下爆发了一场瘟疫，是秦越人尽心医治，救活无数百姓。人们感念他的仁心医术，都叫他"神仙"。每逢村民染上疾病，就会到墓前虔诚地拜谒祭祀，祈祷家人健康平安。这一朴素的信仰世代流传下来。如今来到扁鹊墓前，仍可在石碑前见一石几，上面摆放着香炉。

跟那些名人的陵墓相比，扁鹊墓有墓而无庙。这里没有看守人，也没有守护墓穴的苍松翠柏。鹊山尚有千头菊，不见当年采药人。2000多年的风雨，早已将历史印迹冲淡了，鹊山无言，山风为他守灵。

鹊山南侧山脚下，有一个石碑和牌坊，上面题写了"鹊华烟雨"四个红色大字，在万木青葱、四野如碧的映衬下，显得极为耀眼。从"鹊华烟雨"石碑处可由一条小径拾级登山。小径只有一人宽，两旁灌木丛生。

行至山腰，有一四角小亭立于陡峭的石壁之上。成群的麻雀在檐下盘旋着，颇有些"乌鹊绕山飞"的趣味。再往上走，几分钟后就可登至山顶。这里是鹊山的最高点。从此处眺望四野，可见平原一碧千里。黄河像一条玉带，从西向东蜿蜒绕鹊山而过。远处的高楼、浮桥、车辆，近处的池塘、村落，尽收眼底。

"鹊华烟雨"
石碑

山上原本有一座鹊山寺，也叫作"鹊山院"，是宋代所建。鹊山寺里面有一座扁鹊祠，里面供奉着大医家秦越人。前来扁鹊祠求医问药的人络绎不绝，可惜今已荡然无存。

扁鹊走遍列国，英魂长眠于鹊山西麓，其事迹精神永远激励着后人。

第十三章

医德永照方者宗

扁鹊

医生是神圣而高尚的职业。从古至今，人们常用"仁心仁术"来赞美医生。有意思的是，智慧的古人在说"仁心仁术"的时候，已经有意识地把"心"放在"术"的前面了。

最朴素的话语，往往蕴含着人们对世界的思考。医生是个特殊的职业，工作对象是人体和生命。古时候，人们把好的医生叫作"良医"，而不是"名医"。医德是中华医学文化中最为灿烂的一部分。

从上古时期，医学鼻祖神农"敢为天下先"，奔走在高山峻岭之间，寻找能够解除世间病痛的草药，勇敢地为人类遍尝百草，将个人生死置之度外，竖起了中华医学高尚医德的丰碑。后世的秦越人、文挚、华佗、张仲景、李时珍等人，接过神农衣钵，修养医德，光大医学。

秦越人带领着十多个弟子行万里路，足迹遍布齐、赵、魏、秦、晋、鲁、卫、楚等十多个国家，救民于疾苦，深受百姓的爱戴和尊重。在民间传说中，秦越人是被神化了的医生，他无所不能，无病不治。在山东出土的汉代石刻上就有扁鹊的形象：他人手人面，头戴冠帻，鸟身禽立，拖着一束长尾。人们将扁鹊刻画成人首鸟身的模样，既反映了原始鸟图腾的崇拜意识，也说明秦越人在人们心目中不是一个凡人，而是一个有着通天医术的神人。其实，秦越人并不是神人，他只是全心全意为人们治病的医生。

秦越人之所以能有如此煊赫的名声，是因为他有着崇高的医德。自从踏进杏林那一天起，他就把救死扶伤作为自己毕生的追求。

（一）有病无类，扎根民间

今天，医生为老百姓治病，我们已经感到习以为常了。医生从王室走向民间，经历了漫长的蜕变之旅。在西周以前，医生主要是为王室贵族服务的。民间缺医少药。医学是从什么时候开始走向民间的呢？谁又是我国有史记载的第一位民间医生呢？这个人正是秦越人。

秦越人的出现是中国医学的转折点。在他之前有史记载的医生，像医和、医缓等人，都是贵族的御用医生。老百姓生病了就只能去找巫家。秦越人以一己之力，将医学从官府解放出来。他就像一颗火种，落在了冰上，慢慢地将坚冰融化，打破了医学被贵族垄断的困局。他从民间招收弟子，带着弟子们游医，用自己的实际行动，将医术播撒民间，

扁鹊收徒

切实为老百姓治病。他不避寒暑，上山采药，到鹊山制药；他不避风霜，周游列国，拯救万民于痛苦之中。

多年的游医经历，让秦越人意识到，每一个地方的人所患的疾病，往往跟居住的自然环境和当地的社会风俗有很大的关系。因此，秦越人讲究"随俗为变"。每到一个地方，他都很注意当地的自然环境和风俗民情，了解当地的常发病症和疾疫。

秦越人到了赵地，看到当地很多妇女深受妇科疾病的困扰，就用心研究。那时候，还没有专门的妇科医生。妇科疾病又有特殊的病理，和普通的疾病有着很大的不同。在中医各科之中，妇科是最难医治的。秦越人在他的《难经》中对妇女脉象生理进行了分析，为当地的妇女治愈了妇科病，成为我国历史上第一位妇科医生。

清代徐大椿《医学源流论》书影

秦越人到了洛阳，看到耳聋眼花的老人较多，于是钻研五官科，给很多老年病患舒缓了痛苦。

秦越人到了秦国，看到当地有很多孩童患病，就开始钻研儿科，治好了他们的疾病。儿科被称为哑科，因为幼儿语言未通，难以表达清楚自己的疾病、症状和疼痛，这给医生诊治造成了很大的麻烦。秦越人却不畏艰难，为儿童解除病痛。

在秦越人眼中，贵族和平民是平等的，医学不是贵族的专利，应该泽被苍生。能够抚平病人病痛的，不是炉灶上煎熬的汤药，而是医生的仁心仁术。

（二）实事求是

秦越人常常告诫弟子，行医治病要实事求是，能治就是能治，不能治就是不能治，万万不能乱施药。秦越人对医德的坚守，源自他的老师长桑君。当年，长桑君将"禁方书"传授给秦越人之前就对他考察了10年。医学不同于商业，医生也不是"重利轻别离"的商人。人命关天，绝非儿戏。

给虢太子治好病后，人们传说秦越人能够起死回生。他的弟子们也因为老师有起死回生之术而志得意满。秦越人反复跟人们解释：自己并没有起死回生的本事，虢太子能够痊愈，是因为他根本就没有死，医生能做的就是帮助他恢复健康而已。作为一个医学工作者，最重要的就是保持实事求是的科学态度。如果自矜其功，沉湎于他人不切实际的赞美而沾沾自喜，那是对他人的误导。身体健康最重要的在于平日的保养。等到身体脏器都被病魔侵袭，几近崩溃的时候再"临时抱佛脚"，大多只能是亡羊补牢。自古以来，治愈重症患者，的确能够使一个医生扬名立万。事实上，能够被治愈的重症，只有一小部分。大部分重症患者，只能在生命线上苦苦挣扎。

实事求是、科学严谨是齐鲁医学的重要特征和优良传统。在秦越人之后的西汉时期，齐国临淄也出了一个著名的医生——淳于意。他学习过扁鹊学派留下来的脉经，继承了实事求是的优良传统。有一次，汉文帝问淳于意："诊断病情关系到人之生死。作为医生，能做到万无一失吗？"淳于意毫不避讳地说："诊断病情常有误诊。就是微臣也做不到万无一失啊！"

（三）直来直去，不隐瞒病情

并不是每一个医生都有直来直去、对患者直言不讳的勇气。医生的诊断又是关乎患者生命的，是委婉含蓄地告诉患者病情，还是如实相告呢？

在医生社会地位低下的战国时期，直言不讳，势必会得罪患者，有时甚至要付出生命的代价。所以，很多医生都会采取慎重的态度。与秦越人同一时期的宋国名医文挚，在为齐王治病的时候，就是因为直来直去，结果惹得齐王火冒三丈，把他丢进大鼎里活活煮死了。医生们听到这一噩耗后，无不胆战心惊，如履薄冰。秦越人常想：作为医生，如果只会察言观色，专捡患者爱听的话说，把疾病包装成健康，把毒瘤说成是宝珠，任由病情在体内肆意蔓延，怎么对得起自己的良心呢？

秦越人从不隐瞒患者的病情，哪怕明知自己处于险境，也要让病人清楚地知晓自己的身体状况，这是他一以贯之的行医准则。秦越人在齐桓公、秦武王面前所摆出的姿态，正是在扭转医患不对等的关系。他不怕得罪病人，只想告诉病人真实的病情。这一高尚医德直到今天仍然闪耀着熠熠光辉。秦越人一生挽救了无数深陷疾病之苦的病人。他既问诊君侯，也惠泽百姓。在秦越人眼里，只有病人，没有高低贵贱之分。

（四）临终关怀

有人说，病人已经承受了巨大的心理压力，作为医生，眼里不能只有病灶、病原体，更应该以慈悲为怀，对病人有同理心，注意他们的心理承受能力，对病人的人格和尊严给予真诚的关怀。其实，对病人的人文关怀和对病人坦诚相告，并不是矛盾的。从秦越人开始，中医学就非常重视人文关怀。

比秦越人早几十年的秦国良医医缓，给晋景公诊断病情后直言不讳地说道："大王，您的病在膏的下边、肓的上边，针刺不到，灸也不能用，无论用什么药物都无力回天了。在下无能为力。"晋景公的大臣央求他说："您可是赫赫有名的良医啊！作为医生，您怎么能眼看着病人被疾病折磨而弃之不管呢？恳请先生一定要救救大王啊！"无论晋景公的大臣怎么央求，医缓都断然拒绝再为晋景公治疗。

这样的事情同样也发生在秦越人身上。他在给齐桓公治病的时候，几次三番地劝齐桓公趁病灶还没有恶化前及时治疗。齐桓公刚愎自用，不听忠告。等到病入膏肓时，齐桓公才意识到病情的严重性，派人来请秦越人。秦越人知道此时已经药石无灵，他能做的就是不辞而别。齐桓公为自己的讳疾忌医付出了惨痛的代价。

秦越人放弃给齐桓公治疗，并不违背他所恪守的行医准则。行医之人的首要任务，是帮助病人减轻痛苦，而不是增加病人的身体和精神负担。既然已经知道齐桓公的病药石无灵了，为什么还要做那些无谓的救治呢？作为医生，要做的不仅仅是洞察病情、开方抓药，而是要根据病情的发展程度，对病人的身体给予尊重和关怀。在病人的最后时刻，尽力保全其身体的尊严，这是一个医生的悲悯之心。秦越人发扬光大了医学的人文精神，汉代史学家司马迁在《史记》中赞誉他为"方者宗"。

孔子是中国的至圣先师，开创了儒家学派，开坛授徒，有教无类，使学术和知识走下神坛；秦越人则是医中圣人，公开授徒，有"医"无类。秦越人亲授的弟子很多，如子阳、子豹、子容、子仪、子明、子由、子越、虢太子等。他们跟随秦越人到列国行医，把齐地的医药知识和文化传统传播至各地，形成了一个以秦越人为核心的齐派医学传统。

医学界历来把扁鹊尊为中国医学的祖师。在先秦时期，他的医学思想和医疗技术代表了中医药学的最高水平，影响了后世医者。到两汉时期，他是诸医者心中的"孔夫子"，是医界的开山之大宗。后世医家但凡从业行医，没有不读秦越人的医学著作的。西汉名医淳于意和东汉名医华佗，都是扁鹊学派的传人。西汉后期的汉赋大家扬雄，曾发出过"医多卢"的感慨，是说当时医者大多说自己是卢

医宗扁鹊(山东中医药大学立)

医秦越人的传人。有的医生甚至假托秦越人的盛名而自我标榜其医术源流是多么正宗，有的医者还把扁鹊学派流传下来的著作假托成秦越人所作。由此可以看出秦越人在人们心中的地位。直到1300多年后的南宋，"唐宋八大家"之一的苏辙在一首诗里感慨道："世人但怪医多卢。"

济南是中华文明的重要发祥地之一，有着悠久的历史，创造了辉煌灿烂的文化，自然风物和人文景观俱佳，是经国务院批准的首批历史文化名城。济南不仅演绎着灿烂辉煌的人文艺术，还创造了彪炳千古的医学文化，与"医""药"有着深厚的历史渊源。

中国医学从创始到今天的完备，经历了漫长的过程。齐鲁医学是中国医学的重要组成部分。秦越人是我国古代第一位载于正史的著名医家。如今，秦越人的另一个名字"扁鹊"成了天下名医的共同称号。秦越人不仅是济南文化的骄傲，更为齐鲁医学和中国医学的发展做出了杰出贡献。

《扁鹊偏方》书影

秦越人在数十年的行医过程中，既能学习民间秘方，又敢于打破当时"一技见称"的旧传统，不烦一病多方，将不少贫苦患者从病魔和死神手里解救出来。

秦越人公开而且明确地反对以巫术介入医学研究和临床治疗当中，是刺破巫术迷雾的第一人。

秦越人发明了寸口切脉，简化了脉诊方法，总结出"望、闻、问、切"四诊法，成为临床中医师诊断疾病时必须遵循的法则；他随俗为变，开辟儿科、五官科和妇科等不同的医疗专科，推动了医学的深化发展。

秦越人掌握了丰富的医药知识，总结了治病经验，形成比较系统的医学思想和理论。秦越人在中国医学史上的地位，有如希腊希波克拉底在西方医学史上的地位一样。不过，希波克拉底著作等身，而今天我们却见不到证实是由扁鹊执笔的医学著作。事实上，秦越人一生著述颇为丰富。他和弟子在游医过程中，就注意整理、总结前人经验和自己的行医心得。据记载，他的著作多达20多种，如《扁鹊内经》9卷、《扁鹊外经》12卷和《扁鹊镜经》《八十一难经》等。可惜的是，这些著作大部分已经佚失，只有《八十一难经》传世。《八十一难经》是我们了解中医学源头的重要著作。

秦越人将毕生所学尽授弟子，因材施教。见子仪对药物感兴趣，秦

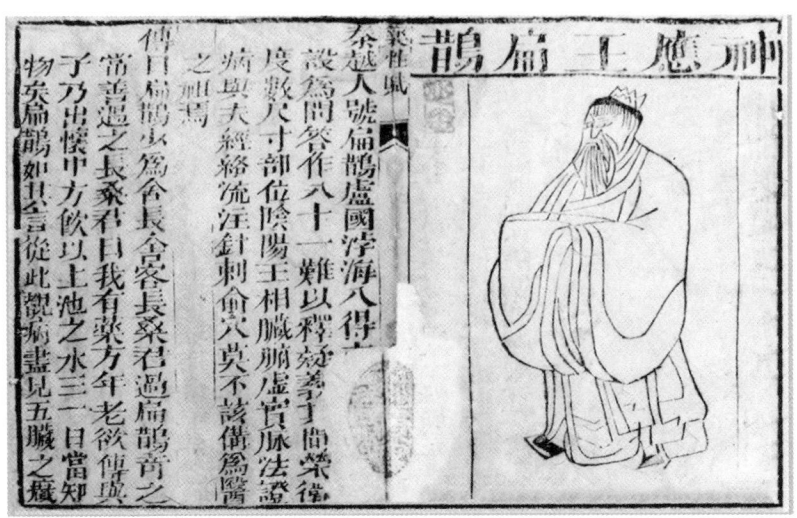

扁鹊《八十一难经》

济南扁鹊文化
主题公园

越人在日常授课和行医的过程中,就着力增加他在药物方面的见闻。子仪后来著有《子仪本草经》,开创了中医本草学,秦越人有执教之功。秦越人提炼出来的"六不治"原则,对后世影响深远。

　　秦越人行医足迹遍布全国,沿途百姓中流传着他起死回生、无所不能的神话传说。传说只是表达人们对秦越人发自内心的敬仰和爱戴的一种载体。秦越人是一位真正的医家,以精湛的医疗技术和实事求是的精神,与巫术划清界限,为中国医学的发展开拓了正确而光明的道路。